Omiano vya
Tjipangandjara

Otjiherero Proverbs and Idioms

Jekura Uaurika Kavari

UNAM PRESS
UNIVERSITY OF NAMIBIA

University of Namibia Press
Private Bag 13301
Windhoek
Namibia

First Published: 2013
Design and layout: John Meinert Printers, Windhoek
Cover design: Romeo Sinkala
Printed by: John Meinert Printers, Windhoek

ISBN: 978-99916-42-07-9

Distribution:
In Namibia by Demasius Publications:
www.demasius-publications.com

Internationally by the African Books Collective:
www.africanbookscollective.com

Omurya – Table of Contents

Embo rOkomeho

Omiano avihe mbi ri membo ndi vya ongwa okuza motjiwaṋa tjOvaherero tjinene ihi otja Kaoko nokuza momambo omatjangwa pekepeke. Okutja mape ya omiano tjiva avi ha tjiukwa poo mu vyo amu kara omambo nge ungurisiwa motukondwa tjiva uriri nu nge ha tjiukwa poo nge ha ungurisiwa i imba votukondwa ihwi otwarwe mena rozondya zotukondwa otja tji matu haṋika momahungiriro wOtjiherero. Okutja omurese tji ma rese embo ndi nga rese okuza meho rombazu youherero opu ma yenene okurizuva nawa.

Membo ndi kamu tjangerwe omiano avihe; pu mape he kutja omiano vya Tjipangandjara, omiano omitorokwa nomiano vyohungiriro avihe mbi tu na vyo meraka retu katji vya tuwa membo ndi avihe mena rokutja omiano vyeraka omingi tjinene. Ku nao me vanga okuyandja erakiza kovarese vembo ndi kutja ave ha undjire ko kutja mave yenene okuvaza omuano ngamwa membo ndi.

Mena rokutja mouatjiri matu tara komaraka yevari Otjiherero nOtjiingirisa, owo nge ri omaraka pekepeke nu nge hungirwa otja kozombazu nḏe ha sanene; otji mba muna kutja ouzeu tjiri okumuna omiano vyOtjiingirisa mbi mavi hee tjimwe na imbi vyOtjiherero. Nangarire kutja mOtjiingirisa tu vaza omuano mbu mau hee tjimwe na imbwi wOtjiherero, mombazu na mongaro yomaungurisiro wavyo mape ya avi ha sana nawa poo avi ha ketasana nawa. Potuveze tjiva mba muna omiano vyOtjiingirisa omingi pu umwe mbi mavi ketasana na umwe wOtjiherero.

Ondando ondengandenga yomatjangero wembo ndi omena rokutja omitanda tjinene tjapo vi ungurisa omiano omitorokwa poo ve toroka omiano vyOtjiingiriṣa poo vyOtjimburu tjI mavi hungire Otjiherero ngunda eraka retu ari na omiano vyaro ohomonena omundu mbi mo yenene okuungurisa kutja ape ha rire ohepero okutoroka omiano vyambangu. Okutja ngatu rihonge omiano vyetu kutja tu vi ungurise momahungiriro wetu nungwari atu ha ungurisa poo atu ha tanaurire omiano vyambangu meraka retu.

Embo ndi me kambura kutja mari yenene okupaturura omapanguṋununino nomakonḏononeno omakoto womiano vyeraka rOtjiherero na wina omasasanekero pokati kOtjiherero nOtjiingirisa.

Jekura Uaurika Kavari

Preface

This book is written from the perspective of the Ovaherero culture. All the proverbs were collected from the Ovaherero community, particularly from the Kaoko community, and from different written sources. Therefore there may be certain proverbs or words that are used only in certain areas of Namibia, or that might be unfamiliar to people in other areas because of differences in dialect.

This book does not include all proverbs, calques and idioms that exist in Otjiherero because figurative language is a very broad field with many examples. Therefore, I would like to warn readers not to expect to find every proverb, calque or idiom in this book.

I found it very difficult to find an English equivalent for every Otjiherero proverb or idiom because the two languages are housed in very different cultural-linguistic contexts. Although an English equivalent may exist for an Otjiherero proverb or idiom, the socio-cultural contexts in which they are used may be slightly different or even totally different. Sometimes I could find more than one English equivalent for one Otjiherero proverb.

The main objective of this book is to encourage the use of Otjiherero proverbs, since our youth tend to use or translate English or Afrikaans proverbs when they try to express themselves clearly in Otjiherero, while proper Otjiherero proverbs do exist and should be used in order to avoid creating calques from foreign languages. We should learn the proverbs of our own language and use them instead of using or creating calques.

I hope this book will encourage more academic analysis of proverbs, calques and idioms as well as comparative studies between English and Otjiherero.

Jekura Uaurika Kavari

Ondangu

Rutenga me yandja okunene okuhepa kOunama ndje ndji pa oruveze nokamariva kutja mbi yenenise ondando okutjanga embo ndi okumana.

Ondangu yandje rukwao mai i komundu ngamwa auhe ngwe ndji vatera okundjipa ondjivisiro nondunge momatjangero wembo ndi nu tjinenenene ku imba David Rukero, Ndauroo Tjouţuku, Ujeuetu Tjihange, Natanael Mbaeva, David Kavari na Hijangaruu Veseeveţe.

Ondangu yapeke mai hungama oserekaze yandje Uaeteendo, ovanatje vandje na mama Sophine komuretima, omazuviro nomayeuriro moruveze rwomatjangero wembo ndi.

Wina me yandja okunene okuhepa kOrupa rwa Unama rwOmapitisiro wOmambo pamwe novaungure varwo kokuitavera okupitisa embo ndi nokuţuna Otjiingirisa.

Wina me yandja ondangu kovatare omutengwa Kavevangua Kahengua nomutenga Don Stevenson.

Embo ndi mba yandja kongero yandje osuverwa Penouua.

Acknowledgements

I am most grateful to the University of Namibia for granting me the sabbatical leave and funds to finalise this book.

I wish to thank everybody who shared information with me, in particular David Rukero, Ndauroo Tjouṯuku, Ujeuetu Tjihange, Natanael Mbaeva, David Kavari and Hijangaruu Veseeveṯe.

Special thanks are due to my wife, Uaeteendo, my children and my mother, Sophine, for their patience, understanding and support during the period of writing this book.

Thanks are due to UNAM Press and its staff for agreeing to edit this book, especially the English part, and publish it.

I also want to thank the editors Kavevangua Kahengua and Don Stevenson.

This book is dedicated to my beloved last born, Penouua.

Ombutiro

Omiano vya Tjipangandjara, omiano omipe nomiano vyohungiriro omahungiriro nge ungurisiwa tjinene pevapayuva otjomahungiriro omahahungama momahungiriro wakumwe mokati kotjiwaṇa tjOvaherero.

Omiano vya Tjipangandjara ovyo ounongo mbwe rihongwa momakaendero wehupo rovandu, nu mbu ungurisiwa otjoumuhewo ousupi.

Omiano vyeraka rOtjiherero vi tjiukwa otjovya Tjipangandjara, pu pe heya kutja ongaro ya Tjipangandjara yomaungurisiro weraka. Omundu mo himwa kutja: 'Hapo ingwi Tjipangandjara ouṇe?' Otja komaserekarerero omakuru wOvaherero oveni, Tjipangandjara wa ri onongo yeraka ndi Otjiherero. Tjipangandjara, ndi heya kutja omupange wondjara, kanda ri ena re. Ena re wa ri Kasupi. Eye wa rukwa Tjipangandjara mena rokutja eye wa suverere okuhungira momiano. Eye wa suverere enyando ndi mOtjiherero ndi isanewa kutja onyuṇe nu mOshiwambo ndi tjiukwa otja owela, nu tjaa nyanda enyando ndi ovandu otjaave ongarere mbo okuyekupuratena komahungi we omanyaṇukise nga hovekwa nomiano pekepeke otja tji ma nyanda ehore ndi. Mu nao, ovandu otjaave kara meṇe ye mbo oruveze orure nokuhina okurimuna ondjara amave puratene ku ye. Kongaro ndji oku kwa za ena ndi Tjipangandjara. Ku ndino ndi omiano omipe vya yandjewa ku ye wina.

Omiano vyeraka rOtjiherero otja kombazu vya haṇewa nai:

Omiano vyeraka

Omiano vya Tjipangandjara   Omiano vyohungiriro

Omuano wohungiriro okatimbuhewo poo okamuhewa komaheya nge ha ketasana nomaheya womambo nge ri mokamuhewo ngo nu mbu rihongwa ombomba nao uriri.

Introduction

Proverbs, sayings and idioms are figurative expressions that are used in everyday conversations in the Ovaherero community.

Proverbs are life-long experiences, told in one short sentence.

Proverbs in Otjiherero are known as *omiano vya Tjipangandjara*, literally meaning 'styles of Tjipangandjara'. One may wonder 'Who was Tjipangandjara?' According to our oral history, Tjipangandjara was an Otjiherero language philosopher. Tjipangandjara, which literally means 'doctor of hunger', was not his real name. His real name was Kasupi. He was nicknamed Tjipangandjara because he used to speak in proverbs. He liked the traditional game known in Otjiherero as *onyune*, or *owela* in Oshiwambo, and while playing this game, people surrounded him to listen to his endless proverbial speeches as he continued to play the game. Because of this, people stayed for hours and hours, without meals, listening to him, and they would not feel hungry. This is where the name Tjipangandjara came from. Even today, newly created proverbs are dedicated to him.

Figurative expressions in Otjiherero may be traditionally classified as follows:

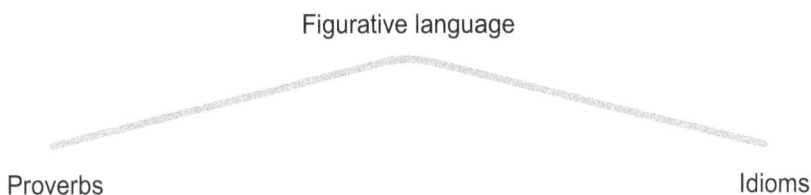

Figurative language

Proverbs   Idioms

An idiom is a phrase or sentence whose meaning cannot be deduced from the meaning of its individual words, and which must be learned as a whole unit.

Omiano vya Tjipangandjara
PROVERBS

Omuano wa Tjipangandjara otjikeṇa?

Omuano wa Tjipangandjara omuano omusupi womahungiriro mbu tjiukwa nu wina mbwa yakurwa otjouatjiri nu/poo mbu yandja omaronga. Omuano omupe omuano omutjiukwa, poo eumbambo ndi ungurisiwa, nu wina mbu tjiukwa otjomuano wa Tjipangandjara nungwari ovyo mbi ri omiano omipe mbya utwa kombunda ya Tjipangandjara, tjimuna okuumba omirongo (okutuvirira). MOtjiherero omiano omipe wina vya yandjewa ku Tjipangandjara.

What is a proverb?

A proverb is a well-known, concise, expression of an idea or principle generally accepted as true, that is used to give advice or comment on a situation. A saying is a well-known expression, or a remark often made, also known as a proverb, that is especially a current creation, e.g. okuumba omirongo (literally to throw tens) 'to reproach someone indirectly'. In Otjiherero, sayings are also dedicated to Tjipangandjara.

Omahereroparisiro

Proverb	Omuano wa Tjipangandjara
Literal translation	Omatorokero ongarate
Origin	Omuano we ya vi (omburo)
General meaning	Omaheya
English equivalent(s)	Omuano wOtjiingirisa
English free rendering	Omaheya womuano wOtjiingirisa
Context(s)	Ongaro mu mu ungurisiwa omuano
Cross reference	Orupe ku na omuano warwe
Compare	Okusasaneka

1 Au he tji i moo tji munu.

Literal translation	*If you do not know it, you will see it.*
Origin	Tji u he na kutjiwa otjiṇa o rikende eyuva rimwe mo tji tjiwa okupitira mondjiviro yokutjita oviṇa.
	If you lack knowledge about something, don't be anxious because one day you will understand it through experience.
General meaning	Ondjiviro yokutjita otjiṇa ondji honga nawa.
	Experience is the best teacher.
English equivalent(s)	*Put something down to experience.*
	Chalk something up to experience.
English free rendering	*A person should learn through experience.*
Context(s)	U ungurisiwa omundu tja hakaene poo tja tjiwa otjiṇa tje ha ri ama undjire ko.
	It is used when someone has unexpectedly learnt or encountered something for the first time.

2   Pa ṭa mukuru woye opu moo ṭu.

Literal translation	*Where your ancestor has died, so will you die as well.*
Origin	Otjiṇa otjivi tji tja tjitwa komundu warwe o nangarasi ngahino tja yandere mbo, mape ya muhuka poo eyuva rarwe matji tjitwa kove wina.
	When something disagreeable happens to someone else, do not think it is an isolated occurrence. One day it may happen to you as well.
General meaning	Tji tja tjitwa komundu warwe maatji tjitwa kove wina.
	What happens to someone else may eventually happen to you as well.
English equivalent(s)	*What goes round comes around.*
English free rendering	*What has happened to someone else could easily happen to you as well.*
Context(s)	U ungurisiwa omundu tji ma nyekerere omundu warwe.
	It is used when someone is indifferent to what has happened to someone else.
Cross reference	Compare: 3

3 Tja rondo omuho maatji rondo omupindi.

Literal translation	*If it has climbed the lower leg it will certainly reach the upper leg.*
Origin	Otjiṉa tji tja utu okukaenda tji kaendaenda nao ngandu ndi tji tja vaza poruveze handumba ndo.
	When something moving gathers momentum, it continues moving until it arrives at a certain point.
General meaning	Tji tja tjitwa komundu warwe mape ya maatji tjitwa kove wina.
	What happens to someone else may eventually happen to you as well.
English equivalent(s)	*What goes round comes around.*
English free rendering	*What has happened to someone else could easily happen to you as well.*
Context(s)	U ungurisiwa omundu tji ma nyekerere omundu warwe.
	It is used when someone is teasing another person.
Cross reference	Compare: 2

4 Ombura mbwa yoye kambura mbwa yamukweṇu.

Literally translation *Your good year is not your fellow's good year.*

Origin Omundu auhe u kara noruveze ndu ma hupu nawa avihe tji mavi kaenda nawa otja kozondando ze nungwari wina ape kara oruveze avihe tji vi he na kukaenda nawa. Okutja omuano mbwi otji u ungurisiwa otjerakiza komundu oviṇa tji mavi kaenda navi kutja e he rikende nu e he rihahiza orondu oruveze oruwa wina ku ye oku ru ri maru ya.

Every person has good and bad times, meaning things go according to plan but sometimes everything seems to go wrong.

General meaning O rikende tjinene oviṇa poyoye tji mavi kaenda navi orondu oruveze rwoye rwoviwa wina maru ya.

Do not worry too much when things are not going well, because good times are just around the corner.

English equivalent(s) *Every cloud has a silver lining.*

English free rendering *There is a benefit in every bad situation.*

Context(s) U unɡurisiwa okuhuhumiṇa omundu oviṇa vye poo poye tji mavi kaenda navi.

This proverb is used to comfort or cheer someone when things go badly for them, or to console someone when things are not going well, to assure them that good times will come again.

5 Ma ņuka onene monusu ai he na mburu.

Literal translation	*She/he smells big one in the anus while it does not have a pimple.*
Origin	Onusu ţji i ha kohwa nawa i ņuka navi. Omundu auhe ka vanga okuņuka otjiņa ţji matji ņuka navi. Pe kara ovandu mbe vera ozomburu nḓe pita monusu. Pe na ovandu mbe konda omburu kutja i veruke. Ovapange mba ombe ņuka ovandu mozonusu tjinangara mu na omburu. Omundu tje he na omburu ka rire ohepero okutarewa poo okuņukwa monusu.
	If an anus is not washed properly, it smells. No one likes to smell something offensive. Some people get a 'pimple' or pile in the anus, which in medical terms is known as a hemorrhoid (a swollen vein). This is a swelling that grows in or out of the anus. Some people treat hemorrhoids by cutting them. People who perform this procedure are the only ones who have to smell someone's anus. A person who does not have this problem does not need to be attended to in this manner.
General meaning	U ri mouzeu.
	She/he is in trouble.
English equivalent(s)	. . . . . .
English free rendering	. . . . . .
Context(s)	U ungurisiwa omundu tji ma tjiti otjiņa tje hi na kuvanga nungwari tje hi na omuano warwe tji ma sokutjitjita uriri.
	It is used when someone is forced to do something disgusting over which they have no control.

6   Omunwe umwe kau toora ona.

Literal translation	*One finger does not pick up a louse.*
Origin	Kape na kuyenena omunwe umwe okutoora na wo ona, okutja mo sokuungurisa pamwe nominwe vyarwe kutja vi toore ona.
	It is impossible for one finger to pick up a louse. To pick up a louse you must pinch it between your thumb and finger.
General meaning	Otjiṇa atjihe tji hepa ombatero yatjarwe kutja tji toṇe.
	Everyone needs help in order to succeed.
English equivalent(s)	*In unity there is strength.*
English free rendering	*Working together with others is better than acting on your own.*
Context(s)	U ungurisiwa omundu tje ha toṇene okuungura otjiṇa erike.
	It is used to counsel someone who has failed to accomplish something single handedly.
Cross reference	7, 49

7 Ombwa imwe kai tye ondjamba.

Literal translation   *One dog does not hunt an elephant.*

Origin   Kape na kuyenena ombwa imwe okuzepa ondjou nungwari tji za rire ozengi maze yenene okuzepa ondjou poo otjiṇa ngamwa tji tji he na kuyenena okutjitwa i imwe.

It is impossible for a lone dog to hunt an elephant, but for a pack of dogs it will be possible. Working together they can achieve something that seems impossible.

General meaning   Omundu auhe u hepa oruvara.

Every person needs the support of others.

English equivalent(s)   *In unity there is strength.*

English free rendering   *Working together with others is better than acting on your own.*

Context(s)   U ungurisiwa omundu umwe tje ha toṇene okutjita otjiṇa poo tji ma hepa oruvara rwavarwe.

It is used to counsel someone who has failed to accomplish something on their own or when someone needs help from others to accomplish a difficult task.

Cross reference   6, 49

8 Omake omengi ye zunḓa okurya kaye zunḓa okuungura.

Literal translation *Many hands spoil meals, but they do not spoil work.*

Origin Ovandu ovengi ve mana ovikurya tjimanga nungwari ve ungura nawa poo ve mana oviungura ovingi tjimanga.

Many people may eat much food but work well together or finish a lot of work sooner.

General meaning O rikende novikurya orondu ombatero ondji ri osemba povikurya.

Collaboration is more important than food.

English equivalent(s) *Many hands make light work.*

English free rendering *The more people who do a job together, the less effort is required from each person and the less time it takes to finish the job.*

Context(s) U ungurisiwa ovandu ovengi tji va mana oviungura tjimanga.

It is used when many people have finished a lot quickly, by working together.

9 Ovengi ve puka nu kave karara.

Literal translation	*Many people get lost but do not sleep in the forest.*
Origin	Ovandu ovengi tji va puka kave karara mokuti mena rokutja ve pukururasana ngandu ndi tji va pukuruka ave yaruka konganda.
	When a group of people get lost they will not overnight in the forest, but will advise one another until they find the way home.
General meaning	Ondunge yovengi ondji kara nondjinda.
	The voice of the majority carries more weight than the advice of an individual.
English equivalent(s)	*The majority wins out.*
English free rendering	*Decision by majority is better than an individual acting on their own.*
Context(s)	U ungurisiwa ondunge yovandu ovengi tji ya toṇa poo tji ya ungura.
	It is used when a majority wins out, or 'carries the day', as it is said.

10   Tji tji ha zepa tji ŋunisa.

Literal translation	*That which does not kill makes fat.*
Origin	Okurya otjiŋa ngamwa maku ku hongo kutja otjiŋe tji tji zepa nu otjiŋe tji tji ŋunisa poo tji tji tunga orutu poo tji tji yandja omasa korutu.
	Eating everything that is served to you helps you learn what food is good or bad for your body.
General meaning	Otjiŋa tji tji he na kukuzepa matji ku ŋunisa.
	Something that does not kill you makes you fat.
English equivalent(s)	*What doesn't kill you makes you stronger.*
English free rendering	*Food that does not make you ill is good for you.*
Context(s)	U ungurisiwa omundu tji ma ri ovikurya mbi he ri oviwa.
	It is used when a person has eaten spoiled food.

11   Tji tji ku twara kEpembe ko tji i.

Literal translation   *You do not know what will take you to Epembe.*

Origin   Epembe otjirongo tji tji ri mehi ra Kaoko nu otjo tji ri kondjepo, okutja ovandu ovengi otji ve ha munu oruveze okuyenda poo okukonda ngo.

Epembe is a village in Kaokoland that is situated far away in a remote location and therefore people don't usually go there.

General meaning   Omundu ka tjiwa oviŋa mbi ma yenene okutjita moruyaveze. Rongerera mbi u he na kutjiwa nawa.

You do not know what the future holds, so prepare yourself well for the unknown.

English equivalent(s)   ......

English free rendering   ......

Context(s)   U ungurisiwa omundu tji ma hungire aayo ma tjiwa mbi mavi tjitwa moruyaveze.

It is used when a person speaks as if they know what the future holds.

Cross reference   12, (compare: 75)

12   Kokure kaku iwa na urenga.

Literal translation	*Far away is not gone to with decorations.*
Origin	Omundu tji ma i kokure ka tjiwa kutja ma kavaza ko tjike poo mondjira ma munu mo tjike, okutja otje sokurirongera nawa.
	When a person travels far away, one never knows what they will find on the way or at their destination. For this reason, one should always prepare well for a journey as the best means to avoid unpleasant or undesirable eventualities.
General meaning	Rongerera ouyenda woye nawa, orondu ko na kutjiwa kutja mondjira mu na tjike poo ku mo i ku na tjike.
	Prepare well and carefully for your journey and do not assume that everything will go smoothly on the way or will be as you expect at your destination.
English equivalent(s)	*One never knows what lies ahead.*
English free rendering	*One cannot foresee what lies in the future.*
Context(s)	U ungurisiwa omundu tji ma rongere okuyenda mouyenda kutja ma rongere nawa poo tja kamuna oumba mondjira poo koṇa ku ma i mbwa tjitısıwa i okuharongerere nawa.
	It is used when a person is preparing for a journey, in order to admonish them to prepare well. It may also be used as a reminder to a person who has encountered unpleasant or undesirable events in the course of a journey, or at journey's end, to make adequate preparations the next time they travel.

13 Tji tji yenda pehuri katji zunḓa omuinyo.

Literal translation	*That which goes into the stomach does not harm the soul.*
Origin	Ehupo ra honga Ovaherero kutja otjiṇa ngamwa atjihe tji tji hita morutu katji zunḓa omuinyo, nungwari ve tjiwa kutja tji tji zunḓa omuinyo omambo omavi.
	Life has taught Ovaherero that things that can enter the body cannot negatively influence the soul. The soul is only influenced by bad language.
General meaning	Otjiṇa ngamwa tji tji notjiṇa norutu katji na orupe nomuinyo.
	Physical reality cannot affect the essential quality of spirit.
English equivalent(s)	......
English free rendering	......
Context(s)	U ungurisiwa omundu tji ma nangarasi otjiṇa tji tji norupe norutu wina tji norupe nomuinyo.
	It is used when someone thinks that something that has affected the body can also affect the soul.

14 — Tja riw' omutwa otji moo ri.

Literal translation
That which was eaten by a poor person is what you will eat as well.

Origin
Ovatumbe ve ritongamisa ave munu kutja ngamwa tji tja riwa i omusyona ovo kave na kurya orondu katjiwa nu ave zembi kutja outumbe kau karerere.

Wealthy people are arrogant and look down upon the poor, thinking that the food of the poor is not suitable for them, or that deeds done or things produced by poor people are worthless, forgetting themselves, that wealth is ephemeral.

General meaning
Otjiṇa tji tja tjitwa i omusyona, omutumbe eyuva rimwe mutu mee tji tjiti.

Something done by a poor person will probably be done by a weathy person as well.

English equivalent(s)
Even kings pull on their trousers one leg at a time.

English free rendering
We are all human beings regardless of our position or social standing.

Context(s)
U ungurisiwa omundu omutumbe tji ma ri poo tji ma tjiti otjiṇa tji tja sere okutjitwa i omusyona poo tji munu kutja kamaa tjiti otjiṇa tji tja tjitwa omusyona.

It is used when a wealthy person eats something or does something that is usually only associated with a poor person, or when they think they will never do something that is done by a poor person.

15 Okuţa ku paha ovoyao.

Literal translation	*Death searches for theirs (their relatives).*
Origin	Omundu tja ţu tjandje omapanga ya zu po, omuhoko we ya popezu.
	When a person dies, friends may depart but relatives draw closer.
General meaning	Omapanga kamakarerere.
	Friends are not forever.
English equivalent(s)	*Blood is thicker than water.*
English free rendering	*Familial relationships are stronger than others.*
Context(s)	U ungurisiwa omundu tja munu ouzeu poo tja ţu nu omapanga we ţji ya zu po pu ye nu imba ovazamumwe ţji ve ya popezu.
	It is used when one finds oneself in trouble or when someone in the family has died and it is noticed that friends have departed, while relatives have come closer and offered support.
Cross reference	16, 17, 85

16   Etangara romukongo ma pe ngwi owe.

Literal translation   *The thick intestine she/he gives it to her/his own.*

Origin   Ovaherero va muna kutja etangara imba pomukongo opu pe ri popawa, okutja opu ve yandja kovanatje vavo.

The Ovaherero have realised that the thick part of the intestine makes the best meal and therefore it is given to one's own children.

General meaning   Omunene u yandja oviṇa imbi oviwa komuatje we.

A parent reserves the best of everything for his or her own child.

English equivalent(s)   *Blood is thicker than water.*

English free rendering   *Familial relationships are stronger than others.*

Context(s)   U ungurisiwa omundu tji ma turikire poo tji ma yandja oviṇa imbi oviwa komuatje poo omuhoko we.

It is used when a person reserves, or gives, the best things to his or her children or relatives.

Cross reference   15, 85

17 Kwa riri nyoko keva ko.

Literal translation	*When your mother cries, look there.*
Origin	Tji kwa riri omuhoko woye, maku ku nana ombango.
	When a relative cries, it attracts your attention.
General meaning	Twara ombango ku mbi mo raerwa i omuzamumwe woye poo tji mave ningire ombatero kove.
	Pay attention when a relative tells you something or asks for help.
English equivalent(s)	*Blood is thicker than water.*
English free rendering	*Relatives take preference.*
Context(s)	U ungurisiwa omundu tji ma yandja ombango kovazamumwe ve poo okuvevatera.
	It is used when someone gives their attention to family affairs or helps a relative.
Cross reference	15, 16, 85

18 Ouzandu u rya oukwao.

Literal translation *Male youth consumes another.*

Origin Omundu ka tjiwa kutja ependa ouṇe; u kamuna tja zu nokutaarwa kutja nangwari omukwao ependa pu ye. Okutja otji pe katjiukwa kutja omutaare ongu ri ependa pomutaarwa.

A person who has not been tested cannot know if they are weaker or stronger than a peer who appears to be equal in strength. Only after a contest, when one becomes the conquered or the victor, can someone really know if they are weaker or stronger than the other person.

General meaning Oviṇa mbi nomasa nge ṭeki pamwe ombi patasana kumwe poo ombi yenena okusasanekwa kumwe.

Things with equal strength compete with each other or are comparable.

English equivalent(s) *Iron only becomes steel after it has been cast into fire.*

English free rendering *A person acquires virtues only by being tested.*

Context(s) U ungursiwa oviṇa vyomasa nge ṭeki pamwe tji vya patasana nu tjimwe atji taara otjikwao.

It is used when people who only appear to be of equal strength challenge one another and the fact of the difference in their strength is revealed when one conquers the other.

19 Outa wa rokerwa pomband' ondjuwo.

Literal translation	*A bow was rained on top of a house.*
Origin	Outa mbwaau zepa ovina, nambano kau tji na ndengu rukwao orondu wa rokwa.
	The bow that was used to kill game, became worthless because it got wet.
General meaning	Ovina nambano vya runduruka.
	Things have changed.
English equivalent(s)	*Here today, gone tomorrow.*
English free rendering	*All good things come to an end.*
Context(s)	U ungurisiwa otjina poo omundu ngwa ri ependa nambano tja rira otjiporoporo.
	It is used when something of value has become worthless, or when someone who is an important personage, or is known for bravery, is brought low.
Cross reference	20

20 Outwiki tji we yere u ngara kawe yere.

Literal translation
When mopane 'sweets' were abundant, now it seems as if there were nothing.

Origin
Outwiki tji we yere kombunda yoruveze orusupi tjandje wa zembwa.

Even though the mopane sweets were abundant at one time, eventually they are forgotten.

General meaning
Otjiŋa otjinanɖengu pe ya atji zembwa tjimanga.

An important event may easily be forgotten.

English equivalent(s)
Here today, gone tomorrow

English free rendering
All good things come to an end.

Context(s)
U ungurisiwa otjiŋa poo omundu ngwa ri ependa nambano tja zembwa.

It is used when something of value, or when someone important or who is known for bravery, has been forgotten.

Cross reference
19

21 Kao ya nata Kaambi.

Literal translation	*The spotted cow overthrew the brown one.*
Origin	Kao na Kaambi omana wozongombe ozonḑenḑu nḑa rukirwa kovivara vyazo. Tjaaze kondjo Kaambi otjaai nata Kao nungwari nambano oviṇa vya runduruka Kao ondji nata Kaambi.
	Kao and Kaambi are names of cows that are named according to their colour. When they fought, Kaambi overthrew Kao, but now things have changed and Kao has overthrown Kaambi.
General meaning	Oviṇa nambano vya runduruka.
	Things have changed.
English equivalent(s)	*The wind has changed direction.*
English free rendering	*Circumstances are not what they were previously.*
Context(s)	U ungurisiwa okuheya kutja oviṇa nambano kavi ungurwa otja tjaavi ungurwa rukuru.
	It is used to mean that, due to changed circumstances, customs and norms will also undergo change.
Cross reference	22, 23, 155

22 Ondu ya yandjwa ombihu.

Literal translation	*A sheep was divided uncooked.*
Origin	Otja kombazu ondu ya zerikwa okuyandjwa ombihu.
	Our customs prohibit mutton to be shared or distributed uncooked.
General meaning	Ovina vya runduruka, ovizerika kavi ungurisiwa rukwao.
	Times have changed, taboos are no longer observed.
English equivalent(s)	*What once were vices are now habits.*
English free rendering	*Things that were not acceptable in the past are now regarded as normal.*
Context(s)	U ungurisiwa ovandu tji va yamburura ovizerika vyombazu.
	It is used when people show disrespect for cultural taboos.
Cross reference	21, 23, 155

23 Ombi ya karya mutenya.

Literal translation	*A hare grazed during day time.*
Origin	Ozombi ovipuka mbi ryanga outuku, tji vya karya omutenya okutja mavi hunu.
	Hares are nocturnal animals. When they graze during the day, it is a bad omen.
General meaning	Ovina vya runduruka.
	Things have changed.
English equivalent(s)	*What once were vices are now habits.*
English free rendering	*Things that were not acceptable in the past are now regarded as normal.*
Context(s)	U ungurisiwa ovandu tji va yamburura ovizerika vyombazu.
	It is used when people disrespect cultural taboos.
Cross reference	21, 22, 155

24   Maharero wa kaningirire ondungo ku Ketjimambo.

Literal translation	*Maharero asked an awl from Ketjimambo.*
Origin	Omurumendu omutumbe Maharero wa kaningira ondungo komurumendu omusyona Ketjimambo.
	Maharero, a very rich man, asked for an awl from Ketjimambo, who was very poor.
General meaning	Nomusyona u parura omutumbe.
	A poor person may be of help to a rich man.
English equivalent(s)	......
English free rendering	......
Context(s)	U ungurisiwa omutumbe tji ma ningire otjiŋa komusyona poo omusyona tja vatere omutumbe.
	It is used when a rich man asks for something from a poor man or when a poor man has helped a rich man.
Cross reference	25, 26, 27, 31

25 Nomusyona u sa ehwe.

Literal translation	*Even a poor person digs an edible root.*
Origin	Nomusyona wina u na ouini.
	Even a poor person may possess valuable property.
General meaning	Omusyona wina ma yenene okukara notjiŋa tjonḍengu.
	A poor person may possess something valuable.
English equivalent(s)	*Never judge a book by its cover.*
English free rendering	*Even humble, simple people may surprise us with their talents and skills.*
Context(s)	U uŋgurisiwa omutumbe tji ma pata omusyona otjiŋa poo omutumbe tji ma ningire otjiŋa komusyona.
	It is used when a rich person does not want to give something to a poor person, or when a rich person asks for something from a poor person.
Cross reference	24, 26, 27, 31

26   Na momuhama mu za epya.

Literal translation	*Even in an* omuhama *tree you may find gum.*
Origin	Ove ngunda amo nangarasi omundu woharive ngo ke na ombatero nangwari ongu na otjiṇa tji mo hepa.
	You may overlook someone who is able to help you, thinking that they have nothing of value to offer.
General meaning	Otjiṇa tji mo munu kutja otjiporoporo nangwari otji matji yenene okukuvatera.
	Someone you think is not worthy of note may be of great help.
English equivalent(s)	*Never judge a book by its cover.*
English free rendering	*Something that is viewed negatively may also have positive or beneficial qualities.*
Context(s)	U ungurisiwa omundu ngu mo nangarasi ke na mbatero tje ku vatere.
	It is used when a person you thought was unimportant or insignificant surprises you by being of help.
Cross reference	24, 25, 27, 31

27 Monyungu yerambu mu karasewa.

Literal translation   *One may lick a pot in which a lean meat was cooked.*

Origin   Ovaherero otjovaṱuta kave vanga okurya onyama yerambu ndji varwa otja ndji he na onḓengu nungwari ovikurya tji vya rire ovihena otji ve rya onyama yerambu orondu kaku sanene nondjara poo na uriri.

As livestock breeders, Ovaherero do not enjoy eating lean meat because it is considered worthless. However, when food is scarce, lean meat is eaten because it is better than having an empty stomach.

General meaning   *Something considered worthless may prove to be helpful or useful.*

English equivalent(s)   *Every cloud has a silver lining.*
Never judge a book by its cover.

English free rendering   *Something that is viewed negatively also has positive or beneficial qualities.*

Context(s)   U ungurisiwa omundu tji ma ungurisa otjina tji tji he na onḓengu.

It is used when someone makes use of something that was thought to be worthless.

Cross reference   24, 25, 26, 31

28 — O hungire kapoţu ape na kapoţu.

Literal translation
Do not speak of a blind person in the presence of a blind person.

Origin
Okuhungira omundu omupoţu ape na omundu omupoţu warwe, ingwi owarwe ngwi u muna aayo mo hungire ye.

Speaking about a blind person in the presence of another blind person will cause offence.

General meaning
Ţakamisa, okuhungira omundu navi katjiņa otjiwa orondu mo yenene okuhihamisirira varwe mbe ri nao.

Do not speak ill of someone under any circumstances, as you may cause offence to someone else who overhears you.

English equivalent(s) ......

English free rendering ......

Context(s)
U ungurisiwa omundu tji ma hungire omundu ape na warwe ngu nongaro otjingeyo.

It is used when a person speaks about someone disparagingly, in the presence of someone who may take offence.

29 Ombi kai yahwa mohunga.

Literal translation   *A hare is not shot in front.*

Origin   Ombi kai ţu amai tara.

You should not kill a hare while it is looking at you.

General meaning   Otjiņa atjihe tji sokukondorokwa.

It is inadvisable to address a person directly. Exercise discretion in situations that may lead to embarrassment.

English equivalent(s)   ......

English free rendering   ......

Context(s)   U ungurisiwa omundu tji ma yamba omundu warwe okuriyeura momayambero.

It is used when a person backbites about someone in order to justify their backbiting.

30 Okapi ka saruka oukata wa sewa kombwa.

Literal translation	*The hare has rushed out, the speed is left to the dog.*
Origin	Okapi ka purukuta okuza moruuto rwako nambano ombwa mai sokutara kutja mai ke kambura poo indee.
	The hare has run out of hiding. Whether it will be caught or not depends on the dog.
General meaning	Omukweṇu wa ungura omunda imbwi owe, nambano tja sewa kove.
	Now that your friend has fulfilled his/her obligation, it is time for you to fulfill yours.
English equivalent(s)	*The ball is in your court*
English free rendering	*It is up to you to take action.*
Context(s)	U ungurisiwa omundu umwe tja ungura otjiṇa nu nambano oruso tja yandja ku warwe.
	It is used when responsibility for action shifts from one person to another in a given situation.

31 Neyova ra korere ovita.

Literal translation	*Even a fool had also informed others about the war.*
Origin	Omundu eyova ma yenene okuvatera omunazondunge.
	Even a fool may rescue a person who is clever.
General meaning	Ouyova kau hee okuhina ombatero.
	Because a person acts foolishly does not mean they are useless.
English equivalent(s)	*Never judge a book by its cover.*
English free rendering	*Even foolish people have redeemable qualities.*
Context(s)	U ungurisiwa omundu ngu tjiukwa otjeyova tja tjiti otjiṇa otjiwa.
	It is used when a person considered stupid, dull, foolish or worthless, has done something beneficial.
Cross reference	24, 25, 26, 27

32 Ondana kai rasa oina.

Literal translation	*A calf does not lick its mother.*
Origin	Potuveze otuingi mo vaza ongombe e ri ndji mai rasa ondana yayo nungwari ka rire ondana ndji mai rasa oina. *It is expected that a cow licks her calf but not vice versa.*
General meaning	Ovanene va suvera ovanatje vavo tjinene okukapita orusuvero rwovanatje kovanene vavo. *Love between a parent and child moves only in one direction.*
English equivalent(s)	......
English free rendering	......
Context(s)	U ungurisiwa omuatje tja tjiti otjiŋa otjivi ku umwe wovanene ve mbe mu suvera tjinene. *It is used when a child has done something wrong in the eyes of its parents who, nonetheless, love their child very much.*

33 Ka kamburirwe make tjiwa oupyu wongwehe.

Literal translation   *It was caught it knows the warmth of the trap.*

Origin   Okapuka tji ka kamburwa mongwehe ke hihamwa nu ake munu ouzeu tjinene nu tji ka zu mo otji ke tjiwa nawa ouzeu wokukamburwa mongwehe.

Once a small animal has experienced the pain of being caught in a trap it is well acquainted with that kind of trouble.

General meaning   Omundu ngwa tjitwa navi u tjiza.

A person who has an unpleasant experience becomes more cautious.

English equivalent(s)   *A burnt child dreads the fire.*

Once bitten, twice shy.

English free rendering   *A negative experience will make people avoid certain situations.*

Context(s)   U ungurisiwa omundu tja tjiza kombunda yomahihamisiro.

It is used when a person becomes cautious after having been hurt.

Cross reference   42, 63, 64

34 · Wa ramba ombo okakuze.

Literal translation	*She/he chased a grey ostrich.*
Origin	Ombo okakuze i tupuka otjikara omatungu, tji wa tja mo i ramba kamoo i vaza, wa kondjo okutjita tji tji ha tjitwa.
	When you chase a very fast, grey, ostrich, you will find it impossible to catch.
General meaning	Wa muna ouzeu.
	A person is in trouble.
English equivalent(s)	*She bit off more than she could chew.*
English free rendering	*The situation is beyond your capacity to deal with effectively.*
Context(s)	U ungurisiwa omundu tje ri mouzeu poo moumba ounene poo tji ma kondjisa otjina tje he na okuura.
	It is used when someone finds themself in trouble or has taken on a challenge that is beyond their capacity.
Cross reference	35, 36, 38

35 Wa kambura mu u yakera.

Literal translation	*She/he caught in the fire source.*
Origin	Tji wa kambura motjiwiyu tjomuriro, okutja mo pi navi tjinene.
	If you take hold of the source of fire you will burn yourself badly. (The source of fire is believed to be much hotter than the fire itself.)
General meaning	Wa muna ouzeu.
	She/he is in a big trouble.
English equivalent(s)	*Out of the frying pan, into the fire.*
English free rendering	*A person was not aware beforehand how much trouble they were getting themselves into, going from one bad situation to a worse one.*
Context(s)	U ungurisiwa omundu tje ri mouzeu poo moumba ounene.
	It is used when someone finds themself in serious trouble.
Cross reference	34, 36, 38

36   Mba nwa omueze kokuara.

Literal translation	*I have drunk the moon/month deeply.*
Origin	Okunwa omueze otjiŋa tji tji he na kuurikwa i omundu.
	Drinking the moon is something difficult to accomplish.
General meaning	Wa muna ouzeu.
	She/he is in great trouble.
English equivalent(s)	*She/he has opened Pandora's box*
English free rendering	*A person goes too far and gets into trouble.*
Context(s)	U ungurisiwa omundu tje ri mouzeu poo moumba ounene.
	It is used when a person finds her/himself in trouble.
Cross reference	34, 35, 38

37 Mba kamburira ongwe movakwenambura.

Literal translation	*I caught a leopard amidst the* Ovakwenambura.
Origin	Ongwe otjipuka otjinyondorore nu omundu tji me i rwisa otje kara moumba ounene. Ovakwenambura ovo ve tarera uriri kave vatere omundu ngu ma rwisa ongwe. Nambano Ovakwenambura otji ve tjiukwa otjovandu mbe ha vatere omundu warwe tje ri mouzeu.
	A leopard is known to be a vicious animal. Someone fighting one will find themself in great trouble. Members of the ovakwenambura *matrilineage merely look on while you fight a leopard, and are now known for their unwillingness to help someone in serious trouble.*
General meaning	Mba muna ouzeu nu hi na omuvatere.
	I find myself in great trouble but have no one to help me.
English equivalent(s)	......
English free rendering	......
Context(s)	U ungurisiwa omundu tje ri moumba ounene nungwari ovandu imba ovarwe tji mave tarere uriri.
	It is used when someone finds themself in great trouble with no one on whom they can depend for help.

38 Mba rya omuriro.

Literal translation	*I ate fire.*
Origin	Omuriro u tjiukwa otjotjiŋa otjipyu tjinene nu tji tji hi nakuyenena okuriwa mena rokutja matji nyosa otjinyo tjomutjirye.
	Fire is known to be extremely hot; nobody is able to eat it because it will burn your mouth.
General meaning	Mbi ri mouzeu ounene.
	I am in great trouble.
English equivalent(s)	*Out of the frying pan, into the fire.*
English free rendering	*A person was not aware beforehand how much trouble they were getting themselves into, that they were going from one bad situation into a worse one.*
Context(s)	U ungurisiwa omundu tje ri mouzeu poo moumba ounene.
	It is used when someone finds themself in trouble.
Cross reference	34, 35, 36

39 Mo nyengura tji matji ku ri.

Literal translation	*You will show contempt to or underestimate something that will eat you.*
Origin	Omundu tji ma nangarasi otjiŋa katji na omasa poo katjinandengu okutja otje tji nyengura nangwari rumwe katji ri otja tji me tji munu nao.
	If you initially regarded something as worthless, you may later discover that you were in error, and see that things were not as they appeared.
General meaning	O nyengura otjiŋa tji u he na kutjiwa nawa.
	Never underestimate situations or people not familiar to you.
English equivalent(s)	......
English free rendering	......
Context(s)	U ungurisiwa omundu tja nyengura otjiŋa nangwari katji ri nao; poo otjerakiza kutja o ha nyengura otjiŋa.
	It is used when a person has underestimated something but later realises they were wrong; or as a warning not to underestimate something.
Cross reference	50

40 Omunatwa ka zembi.

Literal translation

The one who has been thrown down does not forget.

Origin

Omunate u zemba tja tjiti nungwari omunatwa ka zembi tjimanga, orondu potuingi u kasewa nongore.

A person who has done something may forget what they have done but the victim does not forget easily, and may someday seek revenge.

General meaning

Omundu ingwi ngwa hihamwa ka zembi tjimanga.

Someone who has suffered much, remembers longer.

English equivalent(s) ......

English free rendering ......

Context(s)

U ungurisiwa omunate tja zembi otjiŋa tja tjita nungwari omunatwa ama zemburuka.

It is used when someone has forgotten what they have done to another person, while the victim remembers quite well.

41   Ngu seta kangu kurura.

Literal translation	*He who plaits is not the one who shears.*
Origin	Omundu ngu tjita otjiŋa tjimwe nawa ka yenene okutjita ihi otjarwe nawa.
	A person who is good at one thing is bad at another.
General meaning	Omundu umwe kangu ri onongo movitamba avihe.
	Someone who excels in one field may struggle in another.
English equivalent(s)	*Jack of all trades and master of none.*
English free rendering	*A person cannot be an expert in all fields.*
Context(s)	U ungurisiwa omundu onongo motjitamba tje tja urwa i okuungura otjiŋa motjitamba tjarwe.
	It is used when someone who is an expert in a given field fails to perform in another.

42 Okazera kake yahwa ponusu tuvari.

Literal translation   *A bird is not hit twice on its behind.*

Origin   Okazera tji ka vetwa ponusu otjikando otjitenga okutja make tuka ake i nu otjikando tjarwe make tjiza.

When a bird is hit once on its behind, it flies away and becomes wider awake in the future.

General meaning   Omundu tja tjitwa ovineya otjikando otjitenga okuza mbo u tjiza.

Once someone has been tricked, she/he becomes watchful and more wary in the future.

English equivalent(s)   *Once bitten, twice shy.*

English free rendering   *An unpleasant event is not likely to repeat itself under similar circumstances.*

Context(s)   U ungurisiwa omundu tja tjiza mena rokutja wa tjitirwe ovineya.

It is used when a person becomes more alert because they have had a bad experience or were tricked in the past.

Cross reference   33, 63, 64

43 Tji ya tjata kaku zu rirasa.

Literal translation

When it has tastes good, nobody will tell you to lick your fingers.

Origin

Omundu tja ri onyama nu ai tjata nawa u rirasa uriri nu ka raerwa kutja nge rirase.

When a person has eaten delicious meat they spontaneously lick their fingers without being told.

General meaning

Otjiṇa otjiwa katji hongwa omundu.

An expression of pleasure does not need to be taught, it is a spontaneous response.

English equivalent(s)

It goes without saying.

English free rendering

It is very obvious.

Context(s)

U ungurisiwa omundu tji ma tjiti otjiṇa nokuharaererwe.

It is used when a person does something spontaneously without being told.

44 Ondende ya ri pondjora.

Literal translation	*Ignorance was at laugh.*
Origin	Omundu tje nondende u kara pokuyora uriri ngandu ndi oviṇa avihe tji vya kapita.
	When someone is ignorant they spend a lot of time laughing until it is too late for them to act.
General meaning	Kengeza o kara pondende!
	Be careful, do not be negligent!
English equivalent(s)	*Fools rush in.*
English free rendering	*People who are not sensible do things without thinking about the consequences.*
Context(s)	U ungurisiwa omundu tje hi na okuvanga okukara pondende.
	It is used when someone does not want to appear ignorant or fall victim to ignorance.

45 Omake ye kohasana.

Literal translation

Hands wash one another.

Origin

Omundu tji me rikoho komake, eke arihe ri koha ekwao.

In the washing of hands, each hand washes the other.

General meaning

Ombaterasaneno poo ondengasaneno otjiŋa otjinahepero. Tji wa vatere omukweŋu, eye muhuka wina me ku vatere.

Mutual help and respect is praiseworthy. Someone you have helped will one day be of help to you in return.

English equivalent(s)

You scratch my back and I'll scratch yours.

English free rendering

If you help me I will help you as well.

Context(s)

U ungurisiwa ovandu tji mave vaterasana.

It is used to acknowledge the personal benefit derived from helping someone else.

46 Nozokombunda ze nongo.

Literal translation	*Even those (cattle) behind have a call as well.*
Origin	Ozongombe inḍa zokombunda wina maze vaza.
	Cattle that are behind will eventually arrive.
General meaning	Ovimbunde wina vi toṇa.
	People who are slow will also reach their goals.
English equivalent(s)	*Slow but sure.*
English free rendering	*Avoid haste and through perseverance you will make steady progress.*
Context(s)	U ungurisiwa omundu tji ma munu kutja kahepero okuhakahana kutja ma toṇe.
	It is used when a person is aware that haste will not help them to succeed.
Cross reference	Compare English equivalent(s) 54

47 Na Ndjiva wa karaa ozongombe omapindi.

Literal translation   *Even Ndjiva has reported the cattle bones.*

Origin   Nguejuva ngwa ri omurumendu woruzo rwohorongo wa 'randa' ozongombe ozondema mbari ozohungu. Ovandu vohorongo va zerika okutumba ozongombe ozohungu. Pa zerikwa tjiri, ovandu vohorongo kave sokutumba ozongombe ozohungu. Nguejuva tja za nokuranda ozongombe ozohungu nḓa otja kapaha onganga yOmuambo, Ndjiva, okuyekumupanga kutja ozongombe aze he mu zepa. Ndjiva otje yekumupanga. Tjazumba a yaruka koye. Ngunda e hi ya yaruka we mu raera kutja ozongombe tja zepa a ri omapindi nomavangona, nu eyuva rimwe ma kotoka okuyekuṱuna omazerikiro nga. Ndjiva tja yaruka wa kavera omutjise omuzeu tjinene nu otja kahinda omuatje we kutja ma karaere Nguejuva kutja eye wa kavera tjinene nu omapindi nomavangona a ngunda ama ri. Okutja Ndjiva a ṱu ngunda e hi ya kotoka, okuza keyuva ndo ovanatje va Nguejuva otji ve ha ri omapindi nomavangona nu oruzo rwavo opu rwa ririra orwongweyuva nga ku ndino ndi. Kombunda Nguejuva wa rukira umwe wovanatje monganga ndji Ndjiva, eye ngwa karira omuini worupa rworuzo rwongweyuva indwi ndu tjiukwa otja ondjiva poo ndino mbe tjinda osyanda ya Ndjiva.

Nguejuva, who belonged to the ohorongo *patrilineage, 'bought' two hornless heifers.*
Those who belong to the ohorongo *patrilineage do not keep hornless cattle. It is taboo.*
*After Nguejuva had done this, he invited an Oshiwambo speaking traditional healer, Ndjiva, to treat him. Ndjiva came and treated Nguejuva and before he left he instructed Nguejuva not to eat certain bones (*omapindi *and* omavangona

'hipbones') after slaughtering, and that one day he might come back to verify this instruction. Later, Ndjiva, the traditional healer, became seriously ill and sent his son to tell Nguejuva that he might not return but that he (Nguejuva) should still not eat those bones. The traditional healer died before he could return. To this day those who belong to ongweyuva *patrilineage do not eat those bones. Later Nguejuva named one of his sons after the traditional healer, and he became the patriarch of a branch of the* ongweyuva *patrilineage known as* ondjiva *sub-patrilineage, meaning those who carry the surname Ndjiva.*

General meaning

Na Ndjiva wa kahinda ombuze.

Finally, even Ndjiva sent a message.

English equivalent(s)

Out of sight, out of mind.

English free rendering

People are easily forgotten when they are no longer present.

Context(s)

U ungurisiwa omundu tja ya nu tje ha kakotorere ondaze yokutja wa vaza poo u ri pi nai nu ovandu imba ovarwe tji va utu okurikenda nokutja eye u ri pi.

It is used when someone goes away but fails to send a message concerning their whereabouts.

48 Sosanyo pao kuvanyo.

Literal translation   *Fat mouth must give to dust mouth.*

Origin   Ovatumbe ve na ovisosanyo mena rokutja ve rya ovikurya oviwa ngunda ovasyona ave novikuvanyo mena rokutja kave na oviņa ovisemba mbi ve rya.

Wealthy people's mouths are smeared with fat because they are well-fed, while poor people's mouths are dry because they have very little to eat.

General meaning   Ovatumbe ngave vatere ovasyona.

The rich should use their wealth to assist the poor.

English equivalent(s)   ......

English free rendering   ......

Context(s)   U ungurisiwa okuraera omutumbe kutja ma vatere omusyona.

It is used as advice to people of means concerning their responsibility to care for the poor.

49 Epango ri ura ouzeu.

Literal translation	*Alliance conquers all troubles.*
Origin	Epango ovandu ovengi pamwe. Ovandu ovengi tji mave ungura otjiungura tji pwa pu ihi tji matji ungurwa i omundu umwe.
	Alliance is a group of people. When many people do something together they do it better than when it is done by a person acting alone.
General meaning	Ovandu ovengi pamwe ve toṇa pu umwe.
	People acting together are more successful than a person acting alone.
English equivalent(s)	*In unity there is strength.*
English free rendering	*Working with others is more effective than acting on your own.*
Context(s)	U ungurisiwa omundu umwe tje ha ungurire otjiṇa poo otjingi tjovandu tji tja ungura nawa pomundu umwe.
	It is used when someone acting on their own has failed to accomplish something, or when a group of people have accomplished something better than someone acting on their own.
Cross reference	6, 7

50 Nomungu wa zepere ondjou.

Literal translation	*Even a mopane worm killed an elephant.*
Origin	Motjimbaharere tjimwe omungu wa zepa ondjou. Owo wa hita meuru rondjou nau utu okurumata moukoto nu ondjou ya kurungisiwa tjinene i omungu mbu ri meuru ra yo nu kai sorere okuupitisa. Ondjou otji ya tona omukati wayo komiti ngandu ndi tji ya koka. Okutja ombwa tjita kutja ondjou i koke.
	In one Otjiherero folktale, a mopane worm killed an elephant by entering one of its nostrils, irritating the elephant to such a degree that it hit its trunk against the trees until it died: thus the reasoning that the mopane worm caused its death.
General meaning	Kape na otjina tji tji ha yenene okutjitwa.
	Nothing is impossible.
English equivalent(s)	. . . . . .
English free rendering	. . . . . .
Context(s)	U ungurisiwa omundu tja nyengura omundu mena rokarutu ke okatiti.
	It is used when one person underestimates another because they are physically small.
Cross reference	39

51 Ze na wa kengeza ruŋe kaze na wa kwatwa ruŋe. Ze na wa kwatwa ruŋe kaze na wa kengeza ruŋe.

Literal translation

When-did-She/he-grow-up has it, when-She/he-was-born does not have it. (When-She/he-was-born has it, when-did-She/he-grow-up does not have it.)

Origin

Ozondunge ze kara nomuṱiṱi poo wina ze kara nomunene, okutja mape hee kutja kaze na otjiŋa notjiwondo tjomundu.

Though youth may possess intelligence and knowledge, so may the elders, meaning that intelligence and possession of knowledge are not dependent on age.

General meaning

Ovanene ovanazondunge nungwari ovaṱiṱi wina ozondunge ve na zo.

Elders possess wisdom but sometimes so does youth.

English equivalent(s) *Out of the mouths of babes and sucklings.*

English free rendering *Children often speak wisely.*

Context(s)

U ungurisiwa omundu tji ma nangarasi omunene poo omuṱiṱi ongu na ozondungo porwo.

It is used when a person asserts that another, whether a youth or an elder, is the only knowledgeable person in a given situation.

52 Atji hi noihe tji noina.

Literal translation	*If it does not have a father, it does have a mother.*
Origin	Omuatje tje ha sanene ku ihe okutja ma sana ku ina.
	If a child does not resemble its father, then it resembles its mother (physically or genetically).
General meaning	Omuatje u sisiwa i ihe poo ina.
	A child resembles either its father or mother.
English equivalent(s)	*Like father, like son.*
	An apple never falls far from the tree.
English free rendering	*People always exhibit similarities with their parents or demonstrate a connection to their roots in some way.*
Context(s)	U ungurisiwa omundu tja tjiti otjiŋa otjiwa poo otjivi, okutja mape hee kutja ongaro ndjo wa rumata ku ihe poo ku ina.
	It is used in the context of a person's deeds, whether good or bad, meaning that someone's behaviour may be attributed to the genetic connection to their father or mother.
Cross reference	166, (compare: 110)

53 Ombwa i yaruka momuikore.

Literal translation *The dog turns into its caretaker.*

Origin Ombwa tji ya rumata omundu ngu i kora okutja moruyaveze kape na kukara omundu ngu me i koro.

When a dog bites its master, no one will take care of it in the future.

General meaning Omundu wa yaruka momumuyame.

A person should not fight someone who helps them.

English equivalent(s) *Don't bite the hand that feeds you.*

English free rendering *Behave deferentially to those who provide for you.*

Context(s) U ungurisiwa omundu tji ma rwisa poo tji ma tukana omundu ngu mu vatera.

It is used when a person harms or insults someone who helps them.

54 Ondengapo/ohoze kai nu ondanda/omunoko.

Literal translation *The first come does not drink mud.*

Origin Ongombe ndja tenge po okuya perindi ondji nwa omeva omakohoke mena rokutja ozongombe ze yata momeva tji maze nu nu otji ye hara omunoko. Indji ndji mai ya kombunda mai yekunwa omeva nga yatwa nga hara omunoko.

The cattle in front come first at a waterhole and drink the cleanest water because cattle walk in the pond while drinking and the water becomes muddy. Therefore those that come later will drink muddy water.

General meaning Omundu ngwa tenge po ongu muna otjina ihi otjiwatjiwa.

He who arrives first has a better chance or gets the better choice.

English equivalent(s) *The early bird catches the worm.*
First come, first served.

English free rendering *If a person arrives early, they enjoy a better choice.*

Context(s) U ungurisiwa omundu tja ombo nu tja vaza ovina imbi oviwa avihe ovakwao ava twara poo tja kaere poo ingwi ngwa tenge po tja munu otjina ihi otjiwatjiwa.

It is used when a person has arrived late to find that the best things on offer have already been taken or even when they get nothing at all, or when the first one who arrives gets the best of everything.

Cross reference Compare: 46

55 Ohakahana kai tereke.

Literal translation	*Haste does not cook.*
Origin	Omundu tji ma hakahana okutereka ovikurya okutja u ningiririsa poo u isa mo ovivihu.
	When someone cooks food in a hurry, they either let the food burn or stop cooking before it is done.
General meaning	Omundu tji ma hakahana u tjita ozondataiziro nd̦e he ri ohepero.
	When someone does something in a hurry, they make avoidable mistakes.
English equivalent(s)	*Haste makes waste.*
English free rendering	*One blunders easily when in a hurry.*
Context(s)	U ungurisiwa omundu tja zund̦a otjiŋa mena rohakahana poo tje hi na kuvanga okuungura nohakahana kutja a ha zund̦a.
	It is used when someone has made a number of avoidable mistakes because they have acted in haste. Similarly, it may be used when one avoids haste so not to err.
Cross reference	46

56 Aza rondorwa kaze i nongo.

Literal translation	*When they are forewarned they do not go with a call.*
Origin	Moruveze ndwa kapita omapundasaneno wovinamuinyo ya ri ovitjitwa vyevapayuva. Okutja rumwe ovandu vemwe tji va tanda okukapunda onganda handumba ndjo, otjaape kara omundu ngu me yekurondora onganda ndja tandwa ndjo. Okutja onganda ndji ai rirongerere omapundiro nga nawa ai ha pundwa nu ai ha kakwa ongo.
	In the past, robbery was common among Ovaherero. When a robbery was planned, sometimes people informed the targeted homestead, so that the people could prepare themselves for the planned robbery, thus warding off the attack in self-defence. In such an event, a call for help became unnecessary.
General meaning	Omundu tja rakiziwa u rirongera.
	When a person is forewarned, they can prepare themself.
English equivalent(s)	*Forewarned is forearmed.*
English free rendering	*If you become aware of a danger in advance, you can prepare for it.*
Context(s)	U ungurisiwa omundu tji ma vanga okurondora warwe kutja a ha vazewa mohei.
	It is used when a person wants to forewarn someone so that they can take action to prepare themselves.
Cross reference	156

57 Ku kwa zu evango ku yaruka evango.

Literal translation	*Where a hip meat comes from it is where the hip meat returns.*
Origin	Evango ri varwa otjonyama ombwa kotjinamuinyo okutja otji i yandjewa kovatengwa. Omundu ngwe ku pe evango okutja we ku tenge tjinene, ove wina u sokumutenga.
	Meat from the hip is considered one of the best kinds and is therefore reserved for well-respected people in the community. When a person offers you this meat, you know that you are respected and should therefore act in kind.
General meaning	Ku kwa zu ouwa ku yaruka ouwa.
	Kindness begets kindness.
English equivalent(s)	*Give, and ye shall receive.* *One good turn deserves another.*
English free rendering	*If someone has been kind to you, you should return the kindness.*
Context(s)	U ungurisiwa omundu tje ku tjitira ouwa, nambano ove otji mo sokumutjitira ouwa wina.
	It is used when you have received kindness from someone and should return the favour.
Cross reference	58

58
Ngwe ku hupitire kekoro mu hupitira kekoro.
Ngwe ku hupitire kongotwe mu hupitira kongotwe.

Literal translation	*He who kissed you from the front, kiss him or her from the front.* *He who kissed you from the back, kiss him or her from the back.*
Origin	Motuveze twouzeu tu kara nondangu ku imba mbe tu vatere nokutja ve sokukara mbo kutja ve tu vatere tji tu ri mouzeu natu tye kutja eţe wina matu ve vatere tji ve ri mouzeu.
	In times of need we always take into consideration those who have helped us and are there for us. We know this is what friends are for, to be of assistance whenever we need them.
General meaning	Omundu ngwe ku tjitire ouwa ove wina mu tjitira ouwa.
	Give in return to those who did you a favour.
English equivalent(s)	*A friend in need is a friend indeed.* *An eye for an eye and a tooth for a tooth.*
English free rendering	*If you are kind to people, they will be kind to you. If someone is unjust or harms you, retribution is their due.*
Context(s)	U ungurisiwa omundu tje ku tjitira ouwa poo ouvi nambano ove tji mo sokumutjitira ouwa poo ouvi wina.
	It is used when you are in a position to return a favour, or to take revenge on someone who has treated you unjustly.
Cross reference	57

59 Wa yandja wa pwika.

Literal translation	*She/he gave she/he saved.*
Origin	Omundu ngwa pewa otjiŋa u kara nenyando nu otje kara nouharupu wokuyandja otjiŋa komundu ngo.
	Someone who receives a gift or a favour becomes happy and will be generous with the person who has bestowed it.
General meaning	Tji mo vatere mo vaterwa.
	If you help someone, you will receive help in return.
English equivalent(s)	*One good turn deserves another.*
English free rendering	*A favour should be rewarded in kind.*
Context(s)	U ungurisiwa omundu ngwa yandja tja pewa otjiŋa i omundu ngwa vaterere.
	It is used when someone receives something from a person they have helped.

60 Tenga u tengwe

Literal translation	*Respect to be respected.*
Origin	Omundu tja tenge omundu warwe, omundu warwe ma yenene okumutenga wina.
	When you respect somebody, you will receive respect in return.
General meaning	Tenga omundu warwe kutja eye me ku tenge wina.
	Respect others, that you may be respected as well.
English equivalent(s)	*Give respect, receive respect.*
English free rendering	*Respect is a reciprocal matter.*
Context(s)	U ungurisiwa omundu tji ma vanga okutengwa eye a ha tengere ovandu varwe.
	It is used when a person is seeking respect, though they fail to respect others.

61 Otjikaku otjivi katji sanene na huuna.

Literal translation *An ugly shoe is not like bare foot.*

Origin Orukaku otjiŋa tji tji tjevera ombaze. Ombaze tji i na otjikaku otjivi mai kara kehi yondjeverero nungwari tji i ri huuna okutja kai ri kehi yondjeverero kaparukaze. Ohee okukara kehi yondjeverero ombi pokukara nokuhina ondjeverero kaparukaze.

A shoe protects the foot. Even when wearing a bad shoe, a foot is at least protected. A bare foot is not protected at all. It is better to be poorly protected than not at all.

General meaning Ohee okuţiza tji u na tjo pendje nokupandjara tji u na tjo monḑero yokupaha otjiwa pu iho.

You can count on what you have in your possession more than you can count on what has been promised or what you have hoped for.

English equivalent(s) *Half a loaf is better than none.*
A bird in the hand is worth two in the bush.

English free rendering *It is better to be satisfied with what you have, rather than risk losing everything in search of something better.*

Context(s) U unqurisiwa omundu tja tondo ihi tje na tjo mokuzera tjarwe otjiwa pu ihi tje na tjo.

It is used when someone is dissatisfied with what they possess, out of desire for what they think is something better.

62 Hakahana okuzuva, womba okuhungira.

Literal translation   *Hurry to hear/understand, delay to speak.*

Origin   Omundu tji ma hakahana okuzuva orondu tji ma puratene nawa. Omundu tji ma puratene nawa ka hungire omukwao ngunda ama hungire.

Someone can understand more quickly when they listen carefully, which means they will not speak while another person speaks.

General meaning   Puratena nawa kutja u zuve nawa ngunda au hi ya hungira. Undja kutja u ripure nawa ngunda au hi ya zira.

Take time to listen carefully, then think before you respond.

English equivalent(s)   *Think before you speak.*

English free rendering   *Listen carefully before you speak.*

Context(s)   U ungurisiwa otjerakiza komundu ngu ha puratene komukwao nu ngu hungira omukwao e hi ya mana okuhungira.

It is used as a warning to someone who does not listen to others but speaks while they are speaking.

63 Eyova kari kokwa mozohongwe tuvari.

Literal translation   *A fool is not pull in devil thorns twice.*

Origin   Omundu nangarire kutja eyova tja tjitwa navi poo tja hihamisiwa tjinene ka zembi mu nao otje tjizira ko.

Even fools are not forgetful and become cautious once they have been injured.

General meaning   Omundu ngwa tjitwa navi u tjiza.

A person who has had an unpleasant experience becomes particularly cautious.

English equivalent(s)   *Once bitten, twice shy.*
A burnt child dreads the fire.

English free rendering   *A bad experience makes people avoid things they associate with that experience.*

Context(s)   U ungurisiwa omundu tja tjiza kombunda yomahihamisiro.

It is used when someone becomes cautious after they have been hurt.

Cross reference   33, 42, 64

64 Hambwindja aya ṯa po kai munu omuti we ripeta.

Literal translation	*Where a steenbok is caught, it does not see a bent tree.*
Origin	Ongwehe tji mai patwa i patwa meṇe yomuti. Omuti u petwa kombanda nu arire ku kwa kutwa ongwehe. Ongwehe tji ya pahuka otji i kambura otjiṇa poo ombwindja mosengo nu omuti au kengama osemba. Okutja ombwindja ai rekareka otjotjiṇa tji tje rireke nao. Okutja kombunda ombwindja yarwe tji ya munu omuti mbwe ripeta otji i nangarasi pe nongwehe.
	A kind of trap is created by tying a noose to a bent sapling that snaps back when an animal steps in the noose. Caught in such a trap, the steenbuck hangs like someone who has committed suicide. When another steenbuck sees a bent sapling, it will think it is a trap.
General meaning	Omundu u tjizira kozondataiziro ze.
	A person will become vigilant after having a bad experience. After such an experience, people are careful to avoid similar situations.
English equivalent(s)	*Once bitten, twice shy.* *A burnt child dreads the fire.*
English free rendering	*A bad experience will make people avoid similar circumstances.* *Someone will take more care in situations that remind them of past bad experiences.*
Context(s)	U ungurisiwa omundu tja tjiza kombunda yomahihamisiro.
	It is used when a person becomes watchful after having been hurt.
Cross reference	33, 42, 63

65 Okuramba ozohere mbari.

Literal translation	*To chase two rock-rabbits.*
Origin	Tji mo ramba ozohere mbari okutja mo kondjo okuzekamburira tjimwe azeembari. Mu nao otji u he na kuyandja ombango ku imwe yazo. Tji za haŋika okutja mo tupuka pokati kazo uriri ngandu ndi azeembari tji za i.
	Chasing two rabbits means that you are trying to catch both at the same time. You will not concentrate on either of them and when they part you will find yourself running between them, unable to catch either.
General meaning	Tji mo kondjisa oviŋa vivari poo ovingi potjikando kape na tji mo yenenisa.
	If you try to do more than one thing at a time, you won't succeed in doing anything.
English equivalent(s)	*No man can serve two masters.* *Don't bite off more than you can chew.* *Too many irons in the fire.*
English free rendering	*Don't take on more responsibility than you can handle at any one time.*
Context(s)	U ungurisiwa omundu tje ha yenenisire oviŋa mbya ungura potjikando tjimwe.
	It is used when a person has failed to accomplish something after attempting to do several things at one and the same time.

66 Ngu ma tira ozonyutji, outji ke na kurya.

Literal translation	*He who is afraid of bees will never eat honey.*
Origin	Ozonyutji oupuka mbu ungura outji ouwa tjinene. Omundu tji ma vanga okutapa outji wazo, ozo otji ze rumata tjinene okuhihamisa. Okutja tji mo tira okurumatwa kamoo ri outji ouwa mbwo.
	Bees are known for their delicious honey. A person who steals honey often gets stung and learns how painful a bee sting is. He who is afraid of being stung will never enjoy the taste of honey.
General meaning	Omundu ngu ma tira kamaa katona. O undjire ko okutona tji u he na okurora. Kaku na otjina tji tji za pehi uriri.
	He who is afraid to act will never succeed. A person who is not prepared to take risks will accomplish nothing. Nothing is achieved without effort.
English equivalent(s)	*No pain, no gain.* *Nothing ventured, nothing gained.*
English free rendering	*One is unlikely to achieve anything without making an effort.*
Context(s)	U ungurisiwa okuheya kutja omundu ngu he na kutjita otjina ke na tji ma munu.
	It is used to advise someone who is not willing to take chances, yet still expects to succeed.

67 Otjikuru komukweṋu otjipe kove.

Literal translation	*Old to the other, new to you.*
Origin	Omundu tja randa poo tja pewa otjiṋa otjikuru, eye u tji vara otjotjipe.
	When a person buys or is given something second hand, he considers it new.
General meaning	Otjiṋa tji mo vanga tja tondwa i omukweṋu.
	Something you have accepted as having value may have been discarded by someone else.
English equivalent(s)	*One man's trash is another man's treasure.*
	One man's meat is another man's poison.
English free rendering	*What is useless to one person could be valuable to another.*
Context(s)	U ungurisiwa omundu tja nyaṋuka tjinene mena rokutja wa randa poo wa pewa poo tja munu otjiṋa otjikuru.
	It is used when a person becomes happy after acquiring a secondhand object.
Cross reference	Compare: 167

68 Oseu onduru i rurisa evanda.

Literal translation	*A sour onion sours the whole.*
Origin	Ovaherero aave weza ovikonga vyokuti kovikurya vyavo mbyaave ri nu otjaave se ozoseu. Omuse tja roro oseu ondenga na munu kutja onduru okutja ke na kusa komurungu orondu ma tjiwa kutja ozoseu azehe mevanda ndo ozonduru.
	Ovaherero supplement their food supply by gathering food in the wild, such as digging veld onions. When the first onion is found to be sour, they will discontinue digging further in the same area because they know all the onions will be sour.
General meaning	Otjiŋa tjimwe tji yenena okuhwanga ovikwao mbi vi ri pamwe.
	A bad influence affects everything around it.
English equivalent(s)	*A pitcher of milk is ruined by a drop of poison. One rotten apple spoils the bunch.*
English free rendering	*A dishonest or immoral person can exercise a bad influence on a group.*
Context(s)	U ungurisiwa omundu umwe poo otjiŋa tjimwe tji tja tjiti kutja imbi ovyarwe vi sane ku tjo.
	It is used when someone or something has negatively influenced others in its vicinity.
Cross reference	69, 129

69 Ongombe imwe i womborora ozongwao.

Literal translation	*One cow leads others.*
Origin	Ozongombe tji maze womboroka kaze kaendera tjimwe azehe nungwari pe tenga imwe nu inḓa ozarwe aze kongorere.
	When cattle leave a kraal they do not start walking at the same time; one starts and the others follow.
General meaning	Otjiṇa tjimwe tji yenena okuhwanga ovikwao mbi vi ri pamwe.
	One individual spoils the rest of the flock.
English equivalent(s)	*One scabbed sheep mars the flock.*
English free rendering	*A dishonest or immoral person can have a bad influence on a group.*
Context(s)	U ungurisiwa omundu umwe poo otjiṇa tjimwe tji tja tjiti kutja imbi ovyarwe vi tjite otja tjo.
	It is used when a single, wayward, person influences others to act likewise in an ill-advised manner.
Cross reference	68, 129

70 Omuyambwa ka kara kokure. (Yamba omundu me ye.)

Literal translation
The gossiped is never far away.
(Gossip about a person and she/he soon appears.)

Origin
Potuingi omundu ngu ma yambwa u ya poruveze pu pe na omundu poo ovandu mbu mave mu yamba, nu mbu mave mu yamba otji ve vazewa navi.

Frequently, a person who is the subject of gossip appears unexpectedly, and those who are gossiping are caught off-guard.

General meaning
Kengeza tji mo yamba omundu okutja eye u ri popezu.

Be careful when gossiping about someone because they may be close by.

English equivalent(s)
Speak of the devil and he's sure to appear. (Usually shortened in colloquial speech to simply 'speak of the devil')

English free rendering
Talk about someone and they may appear unexpectedly.

Context(s)
U ungurisiwa omundu ngu ma yambwa tje ya tjimanga.

It is used in jest when a person who is the subject of gossip appears unexpectedly.

71 Kari kariwa ara poro.

Literal translation *It is not eaten when it had cooled down.*

Origin Eṯa kari kariwa ara poro. Ri sokuhaṇewa tjimanga kombunda yonḓiro yomuini.

An estate, or the general property, of a deceased person is not 'eaten' after it has cooled. It should be distributed immediately after the owner's death.

General meaning Okuundja orure ku kekupandjarisa mbi wa sokumuna.

Procrastination will cause you to lose what is rightfully yours.

English equivalent(s) *Strike while the iron is hot.*
Time and tide wait for no man.

English free rendering *Seize the moment.*
Do not waste time; take advantage of an opportunity now.

Context(s) U ungurisiwa omundu tji ma vanga okurumata otjiṇa tjimanga kombunda yonḓiro yamuniatjo.

It is used when someone is of a mind to inherit property from a deceased person immediately after their death.

72 Ndi pita ombinda kandi pita omukonge.

Literal translation

The day the warthog goes out is not the day the hunter goes out.

Origin

Ovaherero otjovayeve wina ve yeva ozombinda. Omundu tja kayeva eyuva rimwe u yenena okupumbwa, a ha munu otjiŋa kaparukaze, a kotoka tjo konganda. Nungwari eyuva rarwe ombinda ve hakaena tjimanga uriri. Okutja eyuva ndi wa kayeva o undjire ko kutja okutja mo kazepa ombinda.

Ovaherero hunters would hunt warthogs as well. Sometimes a hunt may catch nothing and the hunter returns home empty-handed. On another day, the hunter may find game easily. When you go hunting, don't expect to find a warthog easily.

General meaning

Ouŋingandu kau ya oruveze ndu mo undjire ko.

Good fortune may not come merely because we expect it.

English equivalent(s)

Some days you get the bear, other days the bear gets you.

English free rendering

Each of us has a time of good fortune.

Context(s)

U ungurisiwa omundu tje ha mwine otjiŋa tja kapahere.

It is used when a person fails to find what they're looking for.

73 Ohumbuhumbu kai uru omuini.

Literal translation   *A burden is never heavy to the owner.*

Origin   Embo ndi ohumbuhumbu ri heya omutwaro omuzeu nu omutwaro omuzeu kau uru omuini wawo orondu eye me u toora nombango yomasa.

The term 'ohumbuhumbu' translates as 'very heavy burden'. Something we own ourselves is never truly a burden, and we carry it gladly no matter how heavy it is.

General meaning   Otjiņa tji u na ombango na tjo katji rire otjizeu okutjitjita.

Although a task may seem difficult, with strength of will, we are able to accomplish it.

English equivalent(s)   ......

English free rendering   ......

Context(s)   U ungurisiwa omundu tja toņa mena rombango onḑeu ndje na yo poo tji ma munu kutja ma toņa mena rombango onḑeu.

It is used when someone has succeeded due to having a strong will or when they are assured of success because of their strong will.

74) Ye omba pomuini pombambara ye ţuruka/punda.

Literal translation	*They (words) stay much longer at the owner and then flow very fast.*
Origin	Omambo ye omba pomuini pombambara ye ţuruka/punda. Omambo omundu omuini tja zu nokuyehungira ye handjauka tjimanga okuza komundu nga komundu. Okokuzeu tjinene komundu okutjaera omambo kutja aye ha handjauka.
	From someone who harbours ill-will towards his neighbour, gossip spreads very fast from person to person, and there is no way of containing it.
General meaning	Oruyambo katjiņa otjiwa orondu omambo woruyambo maye vaza pomuyambwa tjimanga.
	Backbiting is very destructive and news of it will reach the intended victim very quickly.
English equivalent(s)	*Bad news travels fast.* *Rumours spread like wildfire.* *A lie can be halfway around the world before the truth gets its boots on.*
English free rendering	*Information about unpleasant events spreads quickly.*
Context(s)	U ungurisiwa oruyambo tji rwa vaza komuini.
	It is applicable when news of backbiting reaches the person who was talked about.
Cross reference	Compare: 100

75 O tungu otjivereko omuatje e hi ya kwatwa.

Literal translation
Do not build an abba skin before the child is born.

Origin
Otjivereko tji tungirwa kutja omuatje ma verekerwe mo. Omuatje ngunda e hi ya kwatwa omundu ka tjiwa kutja omuatje ma rire omunamuinyo poo ma tu.

An 'abba' skin is prepared as a means to carry a child. However, before birth, nobody knows whether the child will live or die, and therefore preparing too early may prove futile.

General meaning
O rongerere otjina tji u he na okutjiwa nawa.

Do not become overconfident, preparing for eventualities you believe lie in your future.

English equivalent(s)
Don't count your chickens before they hatch.

English free rendering
You should not become overly confident that something will be successful.

Context(s)
U ungurisiwa omundu tji ma rongerere ovina mbye he na kutjiwa.

It is used when someone acts prematurely based on their expectations of what shall come to pass.

Cross reference
Compare: 11

76 Omeho kaye umbirwa orumbo.

Literal translation *A kraal/enclosure/cordon is not made for the eyes.*

Origin Tji mo raere omundu kutja a tara otjiŋa tji tji ha horekerwe pe heya aayo mo mu raere kutja nga tare otjiŋa mena rokutja eye nambano ma vanga okutjiwa kutja hapo omena ratjike tji maku zu a tara. O mu raere kutja a tara, nungwari tji horeka ku ye pendje yokumuraera kutja a tara.

Telling someone not to look at something is the same as inviting them to do so, since the telling merely makes them curious. Do not tell someone not to look, rather hide the thing so that their curiosity may not be aroused.

General meaning Omeho kaye tjaerwa okumuna otjiŋa tji tji ha horekerwe.

Eyes will not be deprived of seeing something if it is not hidden.

English equivalent(s) *A cat may look at a king.*

English free rendering *I can look where ever I please.*

Context(s) U ungurisiwa omundu tji ma raere warwe kutja a ha tara otjiŋa okutja ingwi owarwe otje ungurisa omuano mbwi poo omundu tja munu otjiŋa tji ma munu kutja ka sere okutjimuna okutja otje ungurisa omuano mbwi.

It may be used in two situations. In the first case, if 'A' tells 'B' not to look at something, 'B' will say the proverb. In the second case, when someone sees something that is not meant for them, they would say the proverb.

77 Ombaze i neputuko, onusu i nehaamo.

Literal translation	*A foot has a suprise; an anus has sitting (seat).*
Origin	Ngu paha na ngu kondja mape ya eyuva rimwe a toṋa nungwari ngu ha kondjo ke na kukatoṋa.
	Someone who actively searches will probably find something useful; someone who just sits around will never succeed at anything.
General meaning	Kondja kutja eyuva rimwe u toṋe, tji wa haama uriri kamoo toṋa.
	Make an effort and eventually you will succeed. Alternatively, be prepared to take risks in order to succeed.
English equivalent(s)	*Gardens are not made by sitting in the shade.* *A closed mouth catches no flies.* *If at first you don't succeed, try, try again.*
English free rendering	*A person must make an effort in order to succeed.*
Context(s)	Omundu ngwa kondja ongu hungira omuano mbwi ku imba mbe ha kondjo. Poo ovanene ve hungira omuano mbwi kovanatje vavo mbe ha kondjo.
	A person who has made an effort says this proverb to others he believes have just been sitting around. In another context, parents may says this proverb to children who make no effort to accomplish anything.
Cross reference	Compare: Idiom 32

78 Omuti kau rii tjongo, omundu ke rii se.

Literal translation	*A tree does not know its old wound; a person does not know her/his own smell.*
Origin	Omundu ka tjiwa ouvi we omuini poo u horeka ouvi we.
	People are unaware of how others see them, or they conceal their faults.
General meaning	Omundu ke ritjiwa omuini.
	Everyone flatters themself by assuming that others see them as they do.
English equivalent(s)	......
English free rendering	......
Context(s)	U ungurisiwa omundu tji ma kondjo okuriyeura omuini mokuheya kutja eye keritjiwa nawa poo ka tjiwa ouvi we.
	It is used when someone, wanting to defend themself, will make excuses, maintaining that other people understand them correctly.
Cross reference	79

79   Ombombo kai rii se.

Literal translation	*A bed bug does not know its own smell.*
Origin	Ombombo okapuka ku ke ṇuka navi nungwari oko kake tjiwa kutja ke ṇuka navi, otja ku yo oini oyo kai ṇuka navi.
	A bed bug stinks, but is unaware how terrible their smell is to others, because it is all they know.
General meaning	Omundu ke ritjiwa omuini.
	People are not able to see themselves as others do. Everybody defends themself.
English equivalent(s)	......
English free rendering	......
Context(s)	U ungurisiwa omundu tji ma kondjo okuriyeura omuini mokuheya kutja eye keritjiwa nawa poo ka tjiwa ouvi we.
	It is used when someone, in their own defence, excuses themself by maintaining that other people know them well and will uphold their self-image.
Cross reference	78

80 Ngu undja u muna outoṇi.

Literal translation	*He who waits finds success.*
Origin	Kavandu avehe mbe vanga okuundja orure, ovengi ve undja kaṯiṯi ave urwa, ave hahiza tjimanga nu ave i nungwari imba mbe na omiretima ve undja ngandu ndi tji va munu mbi mave vanga.
	Some people do not enjoy waiting; others are willing to wait a bit, but get bored and leave; but those who have patience will wait until they get what they want.
General meaning	Omuretima otjiṇa otjiwa.
	Patience is a virtue that produces good results.
English equivalent(s)	*All things come to him who waits.* *Patience is a virtue.* *All in good time.*
English free rendering	*Having patience while waiting pays dividends.*
Context(s)	U ungurisiwa omundu tji ma yenene okuundja orure nokuhena okuurwa poo omundu ngwa undju tja munu outoṇi.
	It is used to identify someone who is willing to wait whatever length of time is necessary in order to achieve what they want.

81 Ngu ronda poṇewe u wa ondjendje.

Literal translation   *He who climbs on a rock falls [like] a monkey.*

Origin   Omundu tja rondo ewe poo omuti omure tjinene okukavaza pondomba tja u okuza ngo ma hihamwa tjinene pu ingwi ngu ha rondere tjinene. Ozondjendje oupuka mbu tjiukirwa kokuronda omiti nga pombanda tjinene. Pu nao omarondero nga otji maye sasanekwa nomarondero nomawiro wozondjendje.

When a person falls after climbing to the top of a rock or tree (as monkeys are known to do), their fall is harder than the fall of someone who has not climbed so high.

General meaning   Omundu ngu me ritongamisa ma susuparisiwa.

He who is over-confident will be abased.

English equivalent(s)   *Pride comes before a fall.*
Do not ride the high horse.

English free rendering   *If you are known to have an inflated opinion of yourself or your abilities, one day you will encounter a situation that makes you look bad in the eyes of others.*

Context(s)   U ungurisiwa otjerakiza komundu ngu me ritongamisa.

It is used as a warning to someone who has an inflated opinion of themself.

82 Tji nyuku tji nyukurura.

Literal translation	*You did it now you must undo it.*
Origin	Omundu tja tjiti otjiṇa tji tja yeta oumba, pe undjirwa ku ye okuṯuna oviṇa mbya zunḓa mbyo.
	When a person has created havoc, they are expected to clean up after themselves.
General meaning	Oove ngu we tji tjiti nambano tara kutja mo tjiti vi.
	You have created a disruptive situation, therefore you must face the consequences.
English equivalent(s)	*As you make your bed, so you must lie on it. You've made your bed, now lie in it.*
English free rendering	*A person must accept the consequences of their own actions.*
Context(s)	U ungurisiwa omundu tja tjiti otjiṇa tji tja yeta oumba nambano tji ma sokukambura omerizirira wondjito ye ndji.
	It is used when someone has done something that causes problems and is now forced to accept the consequences of their own actions.
Cross reference	108

83 Omaihi tji ya tika ya tika.

Literal translation

When milk has spilt it has spilt.

Origin

Omaihi tji ya tika kaye yenene okunyangwa poo okuwongwa, okutja pa kapitwa kape na otjina tji matji yenene okutjitwa ohunga na wo. Okutja pe sokuyakurwa nao uriri.

Once milk has been spilt it cannot be collected again. Accept the fact and don't make a fuss.

General meaning

O rikende tjinene novina mbya kapita.

Do not worry excessively about events in the past.

English equivalent(s)

A word spoken is past recalling.
There is no use crying over spilt milk.

English free rendering

Don't worry about things that have happened, for they cannot be undone.

Context(s)

U ungurisiwa otjina tji tja tjitwa tji he na omaṭunino.

It is used after something has occurred for which there is no rectifcation.

84 We ndji ri eraka.

Literal translation	*He has eaten my tongue.*
Origin	Omundu tja ri otjina omundu warwe tji ma vanga okurya, okutja ma mana nu ingwi omukwao ke na kukara notjina tji ma ri. Omundu tja ri eraka romukwao okutja ingwi owarwe ke na kukara notjina tji ma hungire na tjo mena rokutja eraka re ra riwa.
	When a person has eaten food another had set their heart on, the latter is left with nothing to eat. If you eat another's tongue, they are struck speechless.
General meaning	Wa hungira omambo ngu mba vanga okuhungira.
	He said (exactly) what I was about to say.
English equivalent(s)	*He took the words (right) out of my mouth.*
English free rendering	*He said exactly what I had intended to say.*
Context(s)	U ungurisiwa omuhungire ngwa tenge po tja hungire omambo omuhungire ngu ma kongorere wina nga vanga okuhungira. Okutja omuhungire ngu ma kongorere otji ma ungurisa omuano mbwi okutjivisa ovapuratene kutja omambo nga vanga okuhungira ya hungirwa i omuhungire ngwa zu po.
	It is used by a speaker wishing to be acknowledged for an idea they were about to express, but were prevented from doing so because someone else spoke before them and expressed that same idea.

85 Ouzamumwe wa kapita oupanga.

Literal translation *Family bond surpasses friendship.*

Origin Ovazamumwe kave haha nangarire kutja va ru poo va tjitasana navi nungwari omapanga ye haha.

Relatives do not become enemies though they may argue or disagree. Friends, on the other hand, part very easily.

General meaning Ouzamumwe ounamasa okukapita oupanga. Ouzamumwe u karerera ngunda oupanga au ha karerere.

Family bonds are strong and will not be severed, while friendship is temporary.

English equivalent(s) *Blood is thicker than water.*

English free rendering *Bonds between family members are stronger than those created by other relationships.*

Context(s) U ungurisiwa ovazamumwe mba pose poo mba ru tji va hangana.

It is used amongst relatives who have quarrelled or fought, then later reconciled.

Cross reference 15, 16, 17

86 O ripatere otjitenda (omuini).

Literal translation	*Do not set up a trap for yourself (suicidal action).*
Origin	Otjitenda tji paterwa ovipuka ovinyondorore nu tji patwa kutja atji ha munika.
	A trap is set for dangerous animals in such a way that it cannot be seen and thus they fall prey to the trapper.
General meaning	O tjiti otjiṇa tji matji ku twa moumba omuini.
	Do not create a situation that will put you in danger or remove your options for future action.
English equivalent(s)	*Don't burn your bridges.*
English free rendering	*Don't act in such a way as to expose yourself, leaving no alternate course of action or opportunity for retreat.*
Context(s)	U ungurisiwa otjerakiza komundu ngu ma tjiti otjiṇa tji matji mu twa moumba omuini.
	It is used as a warning to someone who does something that puts them in danger or at risk.
Cross reference	88

87   Na ngu tira u ţa.

Literal translation	*Even he who is afraid also dies.*
Origin	Ovandu ovimumandu wina ve ţa nangarire kutja ve tira okuţa. Kutja wa tira poo ko tirire eyuva rimwe mutu mo ţu.
	Cowards also die, regardless of their fear of death. Whether you are afraid or not, one day you will die.
General meaning	Nangarire kutja mo tira onḓiro eyuva rimwe mutu mo ţu.
	Fear of death does not protect you from its inevitability.
English equivalent(s)	......
English free rendering	......
Context(s)	U ungurisiwa omundu ţji ma tjaerwa kotjiŋa otjinaumba nungwari eye omuini ţji ma vanga okutjita otjiŋa ho nangarire kutja otjinaumba.
	It is used to admonish somebody concerning a potential danger they refuse to take notice of, stubbornly facing it without fear.

88 O vete omise movitwere/momakuiya.

Literal translation   *Do not kick prickles (prickly objects)/thorns.*

Origin   Omundu tji ma vete omise movitwere okutja mavi twere ye omuini.

People who kicks prickles, prick themselves.

General meaning   O tjiti otjiŋa tji matji ku twa moumba omuini.

Do not do something that will put yourself in danger.

English equivalent(s)   *Do not spit into the wind.*
Don't tempt fate.

English free rendering   *Don't take action you believe could be harmful to yourself or could be futile.*

Context(s)   U ungurisiwa otjerakiza komundu ngu ma tjiti otjiŋa tji matji mu twa moumba omuini.

It is used as a warning to someone who may do something that puts them in danger.

Cross reference   86

89 Ngu ku natera po ke ku kombere/ pyangere po.

Literal translation

He who throws you down does not sweep it for you.

Origin

Omakondjero omanyando ngaaye tjitwa mokati kOvaherero. Nangarire kutja ondando yomakondjero enyando pe kara ovandu tjiva mbe tjita ovakwao ovineya ngunda amave nyanda.

Wrestling is popular among Ovaherero. Although wrestling is purely a sport, some people will still cheat.

General meaning

Ṯakamisa ovanavineya.

Be wary of cheaters.

English equivalent(s) ......

English free rendering ......

Context(s)

U ungurisiwa otjerakiza kovandu kutja ve tjize ovanavineya.

It is used as a warning to be vigilant for cheaters.

Cross reference 90, (Compare: 154)

90   U nonyara mombanda.

Literal translation	*She/he has a finger nail in a cloth.*
Origin	Eye u na onyara ndja horeka mombanda ndje hihamisa na yo ovakwao poo ovandu varwe.
	She/he has a finger nail hidden in a cloth which can hurt others.
General meaning	Ţakamisa ovanavineya.
	Be on your guard against people who play cunning tricks to cheat you.
English equivalent(s)	......
English free rendering	......
Context(s)	U ungurisiwa otjerakiza kovandu kutja ve tjize ovanavineya.
	It is used to warn people to be vigilant against people who would cheat or harm them.
Cross reference	89, (Compare: 154)

91 Ombwa onḍorowa kondjou.

Literal translation	*A black dog to an elephant.*
Origin	Ozondjou kaze vanga ozombwa ozonḍorowa. Ondjou tji ya munu ombwa onḍorowa i pindika tjinene.
	Elephants do not like black dogs. When an elephant sees a black dog, it becomes very angry and agitated.
General meaning	Okuhumisa otjiṇa/omundu.
	That is a person who is extremely disliked.
English equivalent(s)	......
English free rendering	......
Context(s)	U ungurisiwa omundu tja humisa omundu warwe.
	It is used to refer to an individual who is extremely disliked or hated.

92   Wa katjiza onusu aya ni.

Literal translation

She/he became vigilant after the anus had already broken the wind.

Origin

Otja kombazu yOvaherero kakokuwa omundu okunina mokati kovandu. Omundu tja ni na zuvakwa i omundu warwe u tohoni. Okutja omundu otje ritjaera kokutjita nao.

In Ovaherero culture it is disgusting to break wind in the presence of others. Because it is cause for shame, a person will always try to avoid doing that as far as possible.

General meaning

Pa kapitwa.

It is always futile to repent a loss or missed opportunity.

English equivalent(s)

It is too late to shut the stable door after the horse has bolted/lock the stable after the horse has been stolen.

English free rendering

It is useless to take precautions against something that has already happened.

Context(s)

U ungurisiwa omundu tja katjiza apa kapitwa.

It is used when a person regrets an embarrassing occurrence after it has already happened.

Cross reference

109

93 Omuhona kaiho, oserekaze kanyoko.

Literal translation *A king is not your father; a queen is not your mother.*

Origin Omuhona eye omundu ngu hupa nawa nu oserekaze ye novanatje ve wina otji ve hupa nawa.

A king is someone who lives a life of abundance in property and food. His wife, the queen, and his children also live life in abundance.

General meaning O kara neruru rokuvanga ovingi, kara nohange na mbi u na vyo.

Don't become greedy. Rather, be content with what you already have.

English equivalent(s) ......

English free rendering ......

Context(s) U ungurisiwa omundu tji ma vanga okuhupa nawa okukapita ovina mbye na vyo.

It is directed at a person who wants to live life beyond their means.

94 Tji tji ha yanda tji huna/zera.

Literal translation	*That does not end is a taboo.*
Origin	Otjina atjihe tji nomautiro nomaandero watjo. Okutja oruveze rwatjo rwokuyanda tji rwe ya okutja matji sokuyanda kutja mape vangwa poo kape na kuvangwa.
	Everything has a beginning and an end. Thus, when something's time has come it will simply end, whether you want it to or not.
General meaning	Ngamwa otjina tji yanda.
	Everything has an end.
English equivalent(s)	*All good things must come to an end.*
English free rendering	*All things have an allotted amount of time and end once that time is over.*
Context(s)	U ungurisiwa otjina otjiwa tji tja yanda, ovetjitjite poo ovatarere tji va kasewa nomanganingani wokuvanga kutja atji ha yanda.
	The proverb is used when a situation or set of circumstances has come to an end. It is directed at those people involved who won't accept that ending but wish the situation could continue.
Cross reference	Compare: 134

95 Ekuta ri huna ondjara i zera.

Literal translation

Satiation foretells something bad and hunger is prohibited.

Origin

Omundu tje kuta u vyara nu a zembi kutja muhuka ma tondjara nu ingwi ngwa tondjara u muna kutja ma koka, nungwari ekuta nondjara aviyevari kape na tji tji karerera.

When a person is satiated they become content and forgetful about the future, while one who is hungry believes they are starving. However, both satiation and hunger are temporary.

General meaning

Omundu tja vyara u zemba pa ri.

When a person is lulled into contentment they tend to forget the situation around them.

English equivalent(s)   ......

English free rendering   ......

Context(s)

U ungurisiwa omundu tje kuta tja vyara poo ngwa tondjara tji me rikende tjinene.

It may be directed at people in both extremes: at a satisfied person who becomes overly content, and at a person who is hungry who becomes overly anxious.

96   Tji tji he ri otjoye katjoye.

Literal translation	*What is not yours is not yours.*
Origin	Omundu auhe u na ouini we nu ovandu tjiva otji ve kavaka omauini wovakwao. Indji ondjito ndji ha zerwa motjiwaṇa na mombazu yetu.
	Though theft is not accepted in our community, there are still people who steal the property of others.
General meaning	O vaka otjiṇa tjomundu warwe.
	Do not covet or steal another's property.
	Accept that each person should be accorded their due. The property of others should be respected.
English equivalent(s)	......
English free rendering	......
Context(s)	U ungurisiwa okuzeuparisa ouatjiri wokutja katu sokuvakasana omauini.
	It is used to emphasise the principle that we should not steal from one another.

97 Ouatjiri u karerera.

Literal translation	*Truth lasts forever.*
Origin	Ouatjiri ombu karerera nungwari ovizeze kavi karerere. Pu nao okokuwa ovandu okuraerasana ouatjiri nungwari kave sokuwovisasana. *Truth endures while lies die a quick death. It is always preferable that people eschew what is bad and turn to what is good.*
General meaning	Ovina vyouatjiri vi kara orure nungwari vyovizeze kavi kara orure. *All things based on truth endure much longer than things founded on lies.*
English equivalent(s)	*However long the night, the dawn will break.*
English free rendering	*Bad things do not endure forever.*
Context(s)	U ungurisiwa omundu ngwa wovisiwa tja katjiwa kutja nangwari imbi mbya raerwa vya ri ovizeze uriri. *It is used by a person who comes to realise that they have been deceived.*

98 Ke ri meyo ka kendisa eraka.

Literal translation   *What is in the tooth troubles the tongue.*

Origin   Omundu tja ri onyama nu ondongona ai kakatere meyo, okutja eraka ri ryangera poruveze ndwo uriri kari zu po ngandu ndi tja tongona. Okutja eraka otji mari suva.

When someone has eaten meat and a small piece gets stuck between the teeth, their tongue constantly moves to that place. The tongue will only rest once the bothersome material is removed.

General meaning   Ouzeu u kendisa omundu.

Troubles give rise to anxiety.

English equivalent(s)   *Nothing is worse than an itch you can't scratch.*

English free rendering   *Something that troubles us is impossible to ignore.*

Context(s)   U ungurisiwa omundu tje nouzeu tji me rikende tjinene.

It is used when a person who experiences trouble becomes very anxious.

99 Motjinyo tjamunene mu za tjimuinyo tja ora kamu zu tjiraka tja ora.

Literal translation *From the mouth of an elder comes bad smell but not bad tongue.*

Origin Potuingi motjinyo tjomunene mu za otjimuinyo tji tja wora nungwari omambo nge za motjinyo otjingetjo ye rira omakarimbo.

Normally the odour of an elder's mouth is bad but the words that issue from the same mouth carry great wisdom.

General meaning Omambo nge za motjinyo tjomunene ye karira omakarimbo, kaye sana notjimuinyo otjivi tji tji za motjinyo otjingetjo.

Words of wisdom that come from an elder's mouth are not diminished by their bad breath.

English equivalent(s) ......

English free rendering ......

Context(s) U ungurisiwa otjeronga komitanda kutja ve puratene komambo omanazondunge ngu maye hungirwa i ovanene.

It is used in admonition of youth, so they will respect and honour the wisdom bestowed by elders.

100 Epanga roye epanga romukweṇu.

Literal translation	*Your friend is also someone else's friend.*
Origin	Omundu aruhe u sokukengeza tji mo hungire oviṇa oviundikwa poo otjimwatamwate kepanga roye roposengo orondu oro ri na epanga rarwe roposengo wina ku mari kaserekarera.
	A person should always be careful when confiding in their best friend, because that friend also has other friends who will inevitably hear your secrets.
General meaning	O kambura mepanga roposengo tjinene.
	Be wise and prudent when trusting a friend.
English equivalent(s)	*Rumours spread like wildfire.*
	Bad news travels fast.
English free rendering	*It is impossible to contain the spread of information once it has been shared with someone else.*
Context(s)	U ungurisiwa omundu tja raere otjiṇa otjiundikwa komundu warwe.
	It is used when a person has shared confidential information with someone else.
Cross reference	74

101 Avihe vi pya mu koukono.

Literal translation	*All are cooked in that with legs.*
Origin	Ovikurya avihe ngamwa mbi tjata omiano pekepeke vi pya monyungu imwe.
	Though different foods may taste differently, they can all be cooked in the same pot.
General meaning	Ovina avihe vya sana. Ovyandje vya sana kovyoye nu ovyoye vya sana kovyandje.
	Something that all material possessions have in common is that they are merely physical things, which come and go and have no permanence.
	Don't ascribe too much importance to your possessions.
English equivalent(s)	......
English free rendering	......
Context(s)	U ungurisiwa omundu tji ma munu kutja ovina vye oviwa poo ovisemba povyomukwao warwe.
	It is used when a person believes that their personal possessions are somehow better than someone else's.

102 Nependa ri kuuka ongoro.

Literal translation   *Even a brave one also breaks its knee.*

Origin   Ependa omundu ngu toṇa potuveze otuingi nungwari mu rimwe romayuva eye omundu wina u yenena okupandjara, a ha toṇa.

A brave person may succeed time and again, yet, because they are also human, they are bound to experience failure at some point.

General meaning   Ependa wina ri yenena okuhina okutoṇa.

The brave may also fail.

English equivalent(s)   ......

English free rendering   ......

Context(s)   U ungurisiwa ependa tji ri ha toṇene poo ependa tji mari nangarasi mari yenene okutoṇa aruhe.

It is used when a courageous person has failed, or in reference to someone brave who thinks they can never fail.

103 Tji wa rire ouyenda arire tji wa tjindire.

Literal translation	*Do not move for what you ate on a journey.*
Origin	Ovaherero ovandu mbe sekirisa ovaenda nawa tjinene nokuvepa oviṇa oviwa mena rokutja ovo kave na kukara mbo orure mave yaruka ku vaza. Okutja ovaenda oviwa mbi mave pewa kavi karerere.
	Ovaherero place great importance on hospitality. When they receive guests they offer them the best of everything they have, knowing guests are only there temporarily, and will leave soon.
General meaning	O kambura moviṇa mbi he ri ovikarerere.
	Do not take things of impermanence seriously.
English equivalent(s)	*Easy come, easy go.*
English free rendering	*Don't ascribe too much importance to things you may lose in the near future.*
Context(s)	U ungurisiwa omundu tji ma zeri otjiṇa tjoruveze orusupi otjotjinandengu povikwao.
	It is used when a person exaggerates the importance of things that are transitory in nature.
Cross reference	101, (Compare: 117)

104 Omuyenda ka zepa ondana.

Literal translation	*A guest does not kill a calf.*
Origin	Ovaherero ve vara onyama nomaere otjovikurya oviwa. Okutja ombi ri ovikurya mbi ve rya tjinene. Tji mave sekirisa ovaenda ve ve pa onyama nomaere mena rokutja ombi ri ovikurya vyavo. Okutja otji ve kanda omaihi omengi pu inga ngu ve kanda aruhe nu momayuva ngo ozondana otji ze nyama omaihi omaṱiṱi, nungwari kaze na kukoka mena rokutja ovaenda mave kara mbo oruveze orusupi uriri.
	Ovaherero value meat and sour milk as their most important staples. For this reason they always offer guests meat and sour milk, milking the cows more heavily in those days. During the time visitors are there, the calves get less milk than usual. However, there is no concern that they will starve because guests only stay for a short while.
General meaning	Omasekirisiro wovaenda otjiṇa otjiwa tjinene. Ovaenda kave syonaparisa ovevesekirise.
	Hospitality is of paramount importance. Guests will never impoverish their hosts.
English equivalent(s)	......
English free rendering	......
Context(s)	Tjinene u ungurisiwa i omuini wonganda tji ma vanga kutja oveṱunḓu re ve yandje ovikurya mbya yenene kovaenda.
	It is especially used by the head of a household when he wants to stress the importance of ensuring that guests receive the best the family can offer.
Cross reference	Compare: 103, 118

105 Tji tje ku yeka ombwa tje ku yeka okukorakora.

Literal translation *That which has taken a dog away from you it has also taken care away.*

Origin Omundu ngu nombwa okutja wina u na omerizirira wokuikora.

A person who owns a dog also carries the responsibility of caring for it.

General meaning Otjiṇa tji tja isa po otjiṇa tji mo sokukora okutja wina tje ku yeka omerizirira.

That which removes something that depends on you also relieves you of responsibility for it.

English equivalent(s) ......

English free rendering ......

Context(s) U ungurisiwa omundu warwe tje ku yeka otjiṇa tji u na omerizirira na tjo.

It is used when someone removes something for which you bear responsibility.

106 Ewe kari yeta ombindu.

Literal translation	*A stone does not shed blood.*
Origin	Omundu tja tono ewe ovikando ovingi oro kamaari roro okuyeta ombindu.
	No matter how hard a person beats a stone, it will never shed blood.
General meaning	Okukondja omungandjo.
	That is something you will strive for in vain, because it is impossible.
English equivalent(s)	*A ship can be sunk, but not a mountain.*
English free rendering	*Don't waste effort on that which is impossible to achieve.*
Context(s)	U ungurisiwa omundu tji ma kondjisa otjina tje he na kuyenena okutona poo tja kondjisa otjina na ha tona.
	It is used when a person tries in vain to accomplish something, or has tried in vain.

107 Ondjupa yamunazondunge i nwinwa koruta.

Literal translation	*A wise person's calabash is drunk and a little milk is left inside.*
Origin	Kutja ondjupa i kare nomaere omawa orondu tji mai hambunwa tji mamu sewa oruta kutja tji mai pakerwa omaere aye ha rire omaihi.
	A small amount of sour milk must be left inside a calabash when its contents are nearly finished, to ensure that the next filling with fresh milk will also produce delectable sour milk.
General meaning	Omunazondunge u ungura oviṇa nongengezero.
	A wise person exercises care in everything they do.
English equivalent(s)	*Waste not, want not.*
English free rendering	*If you never waste anything, especially food and money, you will always have enough, just when you need it.*
Context(s)	U ungurisiwa omundu tje ungura ouṇa we nawa nongengezero nu tjinene tje ṭuna ombwiko ye nongengezero.
	It is used when someone exercises special care, especially regarding savings.
Cross reference	109

108 Tji purwa konyungu nomutereke.

Literal translation   *It is asked of the pot and the cook.*

Origin   Onyungu nomutereke ombe nomezirira na mbi mavi terekwa.

Both the pot and the cook are responsible for what is cooked therein.

General meaning   Ovandu imba mbe norupa mokutjita otjiṇa handumba ho ombe kara nomerizirira na tjo.

People who are involved in accomplishing a particular task are responsible for its outcome.

English equivalent(s)   *As you make your bed, so you must lie on it.*

You've made your bed, now lie in it.

English free rendering   *A person must accept the consequences of their own actions.*

Context(s)   U ungurisiwa ovandu tji mave keyakeya kutja ngu na omerizirira notjiṇa tji tja tjitwa ouṇe.

It is used when people are hesitant about accepting responsibility for a particular action.

Cross reference   82

109 Mo karasa komuhuva mbwa kutire onyama.

Literal translation	*You are going to lick the bark that has fastened the meat.*
Origin	Ovaherero otjovayeve ve kuta onyama nomihuva nu tji va munu kutja va pandjara otjiŋa otjinanḓengu tji va sere okumuna mena rokutja va ombo otji ve kasewa amave hihamwa omitima (okurasa omuhuva mbwa kutire onyama). Momuano mbwi onyama mai he ombandjarero yotjiŋa nu okurasa maku he omahihameno womutima. Pa kapitwa.

Ovaherero hunters tied the carcass of the animal they had killed to a pole, using bark to do so. When they realised they had missed an important opportunity, they would lick the bark that tied the meat. In this analogy, meat stands for an opportunity and licking bark stands for regret. Realisation comes too late, once an opportunity has been missed.

General meaning	Pa kapitwa.

It is too late to repent a loss or a missed opportunity after the event or situation has passed.

English equivalent(s)	*It is too late to lock the stable door after the horse has been stolen.*
English free rendering	*It is useless to take precautions against something that has already happened.*
Context(s)	U ungurisiwa omundu tja katjiza apa kapitwa.

It is used when a person flounders in regret after having missed an opportunity with regards to something that has happened already.

Cross reference	92

110 Na motjinde mu za oyomaihi.

Literal translation

Even one without milk may bear an offspring with a lot of milk.

Origin

Ongombe onḑenḑu tji i he na omaihi mape ya ai kwata ongombe ndji na omaihi.

Sometimes a cow suffers from low production of milk, which proves insufficient for both its calf and its owners. But this same cow may at another time give birth to a calf that will not exhibit this deficiency later.

General meaning

Otjiṇa poo omundu u yenena okusisa ovanatje ve oviṇenge eye omuini mbye ha yarisa poo mbye he na vyo.

A person or animal may at times bestow certain characteristics on its descendants that it does not show or possess itself.

English equivalent(s) ......

English free rendering ......

Context(s)

U ungurisiwa ovanatje poo ovinatje tji vi na oviṇenge mbi he ri movanene vavo poo movinene vyavyo.

It is used when an offspring manifests certain characteristics that are not obvious in its parents.

Cross reference Compare: 52

111 Opouiinya wondjimbi.

Literal translation	*It is at the feathers of an owl/nightjar.*
Origin	Kotjiuru tjondjimbi poo otjisiwi ku hapa ouiinya mbu munika tjimuna ozonya zozohonga ozondwe. Okutja omundu tja munu ouiinya otje tira kutja ondjimbi mai twere nozonya nɗo.
	An owl, or nightjar, has feathers on its head that look like horns. If a person sees these feathers, they may think they are sharp and become afraid that the owl might injure them.
General meaning	Mape munika aayo pe notjiṇa otjinaumba nungwari opouriri.
	Though something may look dangerous, it is not necessarily so.
English equivalent(s)	*It is good for nothing.*
English free rendering	*Something that gives a false impression is often useless.*
Context(s)	U ungurisiwa omundu tja munu kutja otjiṇa tja nangarasi otjinaumba nangwari katjinaumba kaparukaze.
	It is used when one realises that something they thought to be dangerous was not dangerous at all, or simply has no purpose.

112 Mbi ha hakaene oomuti na muti oomundu na mundu ve hakaena.

Literal translation

(Things) that do not meet are a tree and a tree but a person and a person do meet.

Origin

Omiti mena rokutja kavi kaenda kavi hakaene, auhe u kara pu wa hapa ongarerere. Ovandu mena rokutja ve kaenda tji va haņika ve yenena okukahakaena rukwao, rumwe ave hi na kuundjira ko.

Trees don't meet because they don't move; each remaining permanently where they grow. On the other hand, people meet one another all the time, sometimes accidentally, because they move about.

General meaning

Ovandu va haņika nungwari mave zeri kutja mave hakaene rukwao moruyaveze.

When friends part they hope they'll meet again in the near future.

English equivalent(s)   ……

English free rendering   ……

Context(s)

U ungurisiwa ovandu tji mave haņika nu tji mave munu kutja mape ya mave yenene okuhakaena rukwao moruyaveze poo tji va hakaene kombunda yoruveze orure ave he na kuundjira ko.

It is used when people part and want to say that they hope to meet again sometime in the near future, or when people accidentally meet after a long time.

113 Ovita vya ri onganga eraka.

Literal translation	*The battle has eaten a guinea-fowl's tongue.*
Origin	Eraka ronganga okaŋa okaţikona tjinene ku ke ha sere okuriwa mena rokutja kake na kukutisa omundu. Okutja ovita poo otjiŋa poo omundu tji maku zu wa ri onganga eraka okutja u ri moumba ounene tjinene.
	The guinea-fowl's tongue is extremely small and not worthy to be eaten, as it won't satisfy even a small hunger. If it has been said about someone that they have eaten a guinea-fowl's tongue, it means they are in terrible danger.
General meaning	Ovita vya rambwa.
	The battle is won.
English equivalent(s)	*Looking death in the face.*
English free rendering	*It seemed there was no escaping our dire situation.*
Context(s)	U ungurisiwa omundu tje ri moumba ounene.
	It is used when a person is in terrible danger.

114 Omuhinatjo ka rimauka.

Literal translation	*The have-not does not have a choice.*
Origin	Ovandu tjiva tji va pewa otjiṇa kave kara nohange mena rokutja ovo ve vanga ihi otjiwatjiwa; ingwi omuini a rire ngwa kara na ihi otjivi.
	Some people may not be satisfied with what has been given to them without expectation of payment, desiring the best of what has been offered, and unrealistically expecting the donor to be satisfied with that which is less valuable.
General meaning	Omundu ngu he na tjo u sokukara nohange na ngamwa tja pewa.
	People who can be categorised as 'have-nots' should be content with whatever they receive.
English equivalent(s)	*Don't look a gift horse in the mouth.* *Beggars can't be choosers.*
English free rendering	*Don't find fault with something that is bestowed as a gift, for if you are dependent upon others for what you have, you don't have the luxury of choice.*
Context(s)	U ungurisiwa omundu tje he na ohange notjiṇa tja pewa otjari.
	It is used if a person is obviously unhappy with something that has been given to them.
Cross reference	Compare: 139

115 Omuari u rihekwa noukuṇe, oserekaze i rihekwa ai hi ya rya.

Literal translation *A new mother is supplicated with a piece of wood, and a queen before her meal.*

Origin Omuari omukazendu ngwa panduka nambano nu eye u kara nondjara nombepera kombunda yanao. Okutja otje hepa oukuṇe okutereka okasopa ke na wina okuwota. Oserekaze i rihekwa ngunda ai hi ya rya orondu tji ya ri kai na kupuratena komundu uriri nao.

An 'omuari' is a woman who has just given birth. She becomes hungry and cold shortly thereafter and needs fire wood to cook soup and to warm herself. A queen must be supplicated before she takes a meal, for after she has become satisfied she will not be interested in listening to those who supplicate her for help.

General meaning Vatera omundu ngunda e ri mouzeu kutja u munine po mbi mo vanga.

Be of help to someone while they are in need, that you may exact a return for your kindness in the future.

English equivalent(s) *Strike while the iron is hot.*

English free rendering *It is wise to wait for the most opportune time when you seek assistance from others, if your timing is poor, the person supplicated my not be motivated to help you.*

Context(s) U ungurisiwa omundu tji me riheke komundu ngu notjiṇa tji ma vanga.

It is used when a person begs for something they desire.

116 Omuhahu u nozondondoze.

Literal translation	*A naughty person has its spies.*
Origin	Omundu omuhahu u na ovandu mbe mu yetera ozondjungo poo mbe mu kwambera ko.
	A devious person always has others who supply them with information.
General meaning	Omundu auhe u na ovandu mbe mu kwambera ko.
	Everyone has informants.
English equivalent(s)	……
English free rendering	……
Context(s)	U ungurisiwa omundu tji ma nangarasi omundu ingwi owarwe ke na tjiṇa tji ma tjiwa.
	It is used when a person thinks that another is not well informed about a particular situation.

117 Omuhona u vakerwa ka rowa.

Literal translation

Steal from a wealthy person but do not bewitch him/her.

Origin

Tji wa roo omundu omutumbe ma koka nu ouini we mau pizuka nu kape na kusewa otjiŋa muhuka tji mo yenene okuvaka. Okutja omuhona ma sokukara nomuinyo kutja u rye ko orure.

Don't cause the death of a wealthy person by bewitching them. When they are gone and their wealth has been dispersed, you will look hard to find someone else to steal from.

General meaning

O zepa omundu omuhona kutja u rye ko orure.

If you kill a wealthy person you may be hardpressed to replace them as a source of wealth or good fortune.

English equivalent(s)

Don't kill the goose that lays the golden egg.

English free rendering

Be careful that no harm comes to your source of wealth or good fortune.

Context(s)

U ungurisiwa omundu tja vaka otjiŋa tjomuhona.

It is used when a person has 'stolen' or extorted something from a wealthy person.

118 Nomuyenda u parura.

Literal translation	*Even a guest may help.*
Origin	Omundu u yenena okuhina okuzepa otjinamuinyo kutja ma rye nungwari tji pe ya omuyenda otje zepa neye wina a ri ko. Imbwi omuano wokuyarisa omayakuriro omasemba wovaenda mokati kotjiwaṋa tjOvaherero nu mbu yenena okuvatera munionganda wina.
	Usually a person will not slaughter an animal solely for their personal consumption, but will do so to extend hospitality to a guest. From this act, the owner will also avail him/herself of some of the meat and therefore derive benefit from it.
General meaning	Nomuyenda u vatera omuini wonganda.
	Even a guest, in the simple act of seeking hospitality, may prove helpful to the owner of the homestead.
English equivalent(s)	*The pleasure is all mine.*
English free rendering	*I derive benefit from doing you a favour.*
Context(s)	Omuano mbwi u ungurisiwa komundu ngu he ritjitire otjiṋa omuini nungwari tji pe ya omuyenda, otje tjita otjiṋa eye wina tji ma yenene okuungurisa, poo omuyenda tja yandja otjiyandjewa komumusekirise.
	It is used to denote a person who derives direct benefit from an act of kindness to another. It can also be used when a guest gives their host a gift.
Cross reference	Compare: 103, 104

119   Omurumendu u ţa ama tja ma kupu.

Literal translation	*A man dying while saying he will marry.*
Origin	Omurumendu aruhe u zera okukupa nu omukazendu wina u zera okukupwa. Okutja onḓero ndji momundu kai yanda ngunda e na omuinyo.
	Most people, men and women alike, desire to marry. This inclination remains unchanged throughout a person's life.
General meaning	Onḓero yomundu kai yanda tjimanga.
	Personal desires do not die easily.
English equivalent(s)	......
English free rendering	......
Context(s)	U ungurisiwa omundu tje nonḓero ongarerere.
	It is used to denote a person who has a persistent wish or desire.

120 Ondaambe yamukweṇu ndji wa ri amo yoro.

Literal translation   *Someone else's cow that you ate while laughing.*

Origin   Embo ndi ondaambe ri he ya ongombe ndja kwata nambano. Tji ya ṭu omuniayo u hihamwa omutima ngunda ovandu varwe amave yoro tji mave ri onyama yayo.

An 'ondaambe' is a cow that has just calved. When it dies the owner is understandably unhappy, though others may laugh while consuming the meat because the loss of the cow does not concern them.

General meaning   Ouzeu mbu he ri owoye kau ku kendisa tjinene.

Someone else's problems do not usually concern us much.

English equivalent(s)   ......

English free rendering   ......

Context(s)   U ungurisiwa omundu tji ma nyekerere omukwao.

It is used when a person is indifferent to someone else's misfortune.

121 Onḓu ya ṱira mongombe.

Literal translation	*A sheep is slaughtered within an ox.*
Origin	Otja kombazu yOvaherero ovitjitwa vyokurangera avihe vi ungurwa nonḓu poo nongombe. Ongombe tji i he ri po okutja onḓu ya yenene. Mape he kutja oviṋa vyonḓengu imwe.
	In Ovaherero tradition, religious rituals and ceremonies are performed with either a sheep or an ox. When an ox is not available, a sheep will suffice, thus equating their value in this context.
General meaning	Otjiṋa otjiṱiṱi tji tji yeneneka onḓengu yotjinene.
	In some cases, something that is small may possess the same value as something that is much larger and normally not considered of equal value.
English equivalent(s)	......
English free rendering	......
Context(s)	U ungurisiwa omundu tji ma hee kutja onḓu nongombe oviṋa vyonḓengu ndji ṱeki pamwe.
	It is used whenever a person wishes to equate the value of a cow and a sheep, or in any situation in which the value of two very different things is claimed to be equal.

122 Kari kondwa katjiti.

Literal translation

It is not cut, it is not a stick.

Origin

Eyanda kari kondwa katjiti, mape he kutja ovandu veyanda rimwe wina omuhoko, mena rokutja ovo va za komuze umwe.

The saying that 'a matrilineage is not cut, it is not a stick' means that people who belong to the same lineage are relatives because of their common ancestors. It does not matter whether they know one another or not.

General meaning

Kape na opoŋa pu mo nana omukoka pokati kovandu veyanda rimwe okuraisa kutja umwe wavo ke na orupe novakwao.

Boundaries are not clear cut between people of the same matrilineage.

English equivalent(s)   ......

English free rendering   ......

Context(s)

U ungurisiwa ovandu veyanda rimwe tji mave nyengwasana.

It is used when people of the same matrilineage have a disagreement or rebuke one another.

123 Onḓuzu otjari ya ri na tjo nu ya yekwa i omanyameno.

Literal translation

A tortoise has mercy and it was deprived of it by not breastfeeding.

Origin

Ovandu ve muna kutja ovipuka mbi ha nyamisisa kavi notjari poo kavi na rusuvero nungwari katji pe ri, ovyo wina vi notjari tji tji ṱeki potjaimbi mbi nyamisisa.

Some people regard those animals that do not breastfeed their young as merciless, though it is not the case. All animals do what must be done to care for their offspring.

General meaning

Omundu u nonḓero okuvatera nungwari wa kaiya otjiyeure.

A person may be willing to help another, but unfortunately, does not have the means to do so.

English equivalent(s) ......

English free rendering ......

Context(s)

U ungurisiwa omundu tji ma ṱondjenda nungwari tje hi na okuyenena okuvatera.

It is used when a person sympathises with another person's need but does not personally have the means to be of help.

124 Onganga kai ripanga.

Literal translation

A doctor does not treat him/herself.

Origin

Onganga tji ya vere i yenda konganga yarwe kutja i keipange ngunda oyo oini ai ri onganga. Oyo kai ripanga oini.

When doctors become ill they seek out other doctors for treatment rather than make an attempt to treat themselves.

General meaning

Omundu ngu vatera ovakwao ka yenene okurivatera omuini nounongo we mbwo.

A person who is capable of helping others in a certain way may not use their knowledge to help themselves.

English equivalent(s) ......

English free rendering ......

Context(s)

U ungurisiwa omundu ngu na ounongo mbu mau heperwa po tje hi na okuyenena okurivatera omuini nounongo we mbwo.

It is used when a person from a particular area of expertise does not apply their knowledge to themselves.

125 Ongunga ku za ya ţu kaku zu ya tira.

Literal translation
A lonely person is said to have been killed not to have been afraid.

Origin
Ongunga omundu ngu kara erike nu ngu hi na omuvatere. Okutja tja hungamwa i oumba okutja eye ke na koŋa ke yenena okukakwa ombatero okutja ma sokuzepa poo okuţa kape na omuano warwe orondu ka sokutira.

'Ongunga' *is a person without counsel from others. When such a person faces danger, they must either kill or be killed, for they are not afforded the luxury of being afraid.*

General meaning
Omundu mo sokukondja okurivatera omuini nokuhina ombatero yavarwe.

Sometimes a person must fend for themselves with little or no help from others.

English equivalent(s) ......

English free rendering ......

Context(s)
U ungurisiwa omundu tji ma kondjisa okurivatera nokuhina ombatero yavarwe poo ombatero onḑiţi okuza ku varwe.

It is used when someone in trouble tries to solve their problems on their own, without assistance from others.

126 Ongurunyoka i ku vaza nokuhina okati.

Literal translation   *An old snake finds you without a stick.*

Origin   Onyoka otjipuka tji tji wondja movineya okunyonḓorokera mozondjuwo zovandu nokurumata ovandu. Oukuru mau hee ondjiviro yokutjita ovineya.

A snake is a cunning animal that slithers unnoticed into people's houses to bite them. In this context, the term 'old' means 'of mature experience'.

General meaning   Ouzeu u ku vaza au hi ya rongera.

Problems may catch you ill-prepared to find a solution.

English equivalent(s)   ......

English free rendering   ......

Context(s)   U ungurisiwa omundu tja vazewa e hi ya rongera.

It is used when a person is caught off-guard or is unprepared.

127 Okapurukise ka ura ombanɖe.

Literal translation	*Negligence conquers the hero.*
Origin	Okapurukise otjiŋa tji tji yenena okutjitwa i omundu auhe ngamwa kutja ombanɖe poo otjimumandu.
	Negligence comes to the same end, affecting everyone without discrimination, regardless whether they are a hero or a coward.
General meaning	Kape nomundu ngu ha tataiza.
	There is no person who does not err.
English equivalent(s)	*To err is human.*
English free rendering	*Everybody makes mistakes.*
Context(s)	U ungurisiwa omundu tja purukisiwa i otjiŋa kaaŋi ho, otje ungurisa omuano mbwi otja ondjesiro poo ombitirapo.
	When a person is neglectful of something, they may use this proverb either as an apology or an excuse.

128 Otjitoneno tja ya norutu.

Literal translation	*The beating has gone with(in) the body.*
Origin	Otjitoneno poo otjizi otjikuru tji tja veruka kombunda tji kakotoka atji hihamisa omundu rukwao.
	An old wound, one that has long since healed, returns to cause pain again.
General meaning	Omuhihamo omukuru kombanda u kotoka.
	An old injury may act up, causing pain to reappear.
English equivalent(s)	......
English free rendering	......
Context(s)	Omuano mbwi u ungurisiwa i omundu ngu ma kondjo okuzemburuka kutja omuhihamo wa yetwa i tjike.
	It is used when a person is puzzled about the cause of pain and tries to determine its source.

129 Otjizenge i honga ozongwao ouzenge.

Literal translation	*An indolent one teaches others sluggishness.*
Origin	Ongombe otjizenge i honga ozongombe zarwe ouzenge.
	An indolent cow makes the other cows sluggish.
General meaning	Ovitjitwa vyaumwe vi hwanga ovakwao.
	A person's negative traits can affect others.
English equivalent(s)	*Bad behaviour can rub off on you.*
English free rendering	*I was influenced by another person's laziness.*
Context(s)	U ungurisiwa ongombe poo omundu wovitjitwa ovivi tje honga ovakwao ovitjitwa mbyo.
	It is used when the negative behaviour of one cow or person influences others around them.
Cross reference	68, 69, (compare: 130, 131)

130 Ombahorera ya mana omatunda.

Literal translation	*Imitations have finished homestead.*
Origin	Okuhorera kovitjitwa ovivi vyovandu varwe ku ku yeta moumba.
	Copying the example of others will lead you into trouble.
General meaning	Rikarera otjomundu kove omuini, o kondjo okuhupa otjotjizire poo otjiherengururwa tjomundu warwe. Rira ove omuini otja tji wa utwa.
	Be yourself, a unique and special human being; do not imitate others or live in their shadow.
English equivalent(s)	*To thine own self be true.*
English free rendering	*If you are both honest and sincere, people will be quickened by your influence.*
Context(s)	U ungurisiwa omundu tje hupa otjotjizire poo otjiherengururwa tjomundu warwe poo tje ri moumba mena rokukongorera ovitjitwa vyovandu varwe.
	It is used when a person lives in the shadow of someone else, or when someone finds themselves in trouble because they imitated others.
Cross reference	129, (compare: 129, 131)

131 Ehorero ri ya kekwao.

Literal translation	*An example comes to another.*
Origin	Omundu umwe tja suvera okuhorera kovandu varwe, varwe wina mave utu okuhorera ku ye. Ove tji u horera mo yenene okuhorerwa.
	If someone tends to imitate others, others will also imitate them. If you imitate others you will be imitated as well.
General meaning	Oupupu komundu okuhorera komundu ngu ve novikaro mbya sana.
	It is easy for a person to imitate someone who has similar traits or behaves in a similar manner.
English equivalent(s)	......
English free rendering	......
Context(s)	U ungurisiwa omundu tji ma horere omundu warwe ngu horera varwe.
	It is used when a person imitates someone who tends to imitate others as well.
Cross reference	Compare: 129, 130

132 Ouye ombu rumba kau rumbwa.

Literal translation	*The world perseveres, it is not persevered.*
Origin	Ouye kau ramangwa nungwari owo ombu ramanga mena rokutja owo kau yanda. Omundu u hupa omayuva we kombanda youye ngandu tja ţu, ouye e wesa nao.
	The world perseveres because it has no end. A human being lives out their days until death and then departs the world, which remains unchanged.
General meaning	Tji wa ramanga ouye mutu ngu mo kaurwa oove.
	If you persevere in efforts to succeed you will eventually become tired. But life does continue. Some things never change.
English equivalent(s)	……
English free rendering	……
Context(s)	U ungurisiwa otjerakiza omundu tji ma vanga okutoņa mu ngamwa tjiņa atjihe tji ma ungura kombanda youye.
	It is used as a warning to someone who over-exerts themselves in their effort to succeed.

133 I rya paova kai ţu paova.

Literal translation *It eats stupidly but it is not killed imprudently.*

Origin Ohanda onḓera ndji munika aayo eyova, tjinene tji wa tarere komuano mbu i rya.

'Ohanda' is a kind of dove that looks as if it is stupid, because of the way it eats.

General meaning Omundu nandi ma munika ouyova, wa kengeza.

Although a person appears foolish, she/he is wide-awake. Don't be fooled by appearances.

English equivalent(s) ......

English free rendering ......

Context(s) U ungurisiwa omundu tje munika ouyova nungwari a kengeza.

It is used when someone merely appears to be stupid, while in fact they are quite alert and aware of what is going on around them.

134 Epango kari karerere katjikoro tjondundu.

Literal translation	*Alliance does not last forever; it is not a mountain side.*
Origin	Epango ongutasaneno yotjimbumba tjovandu mbe nondando imwe poo omapanga, nungwari oro kari karerere tjimuna otjikoro tjondundu.
	An alliance is a coalition of people or friends who share the same objectives but, unlike a mountain side, it cannot last forever.
General meaning	Oupanga u yanda.
	Friendship eventually comes to an end.
English equivalent(s)	......
English free rendering	......
Context(s)	U ungurisiwa epango tji ra hanika poo tji ri ri enamasa aayo mari karerere.
	It is used when an alliance has collapsed or when the bond of alliance appears so strong it would seem that it could last forever.
Cross reference	Compare: 94

135 Ouye u nombikaunda notjivingurura onya yohorongo.

Literal translation	*The world has askew behind and has turns it is a kudu horn.*
Origin	Onya yohorongo i na ozonḏarae. Mouye kamu na otjiṇa tji tji karerera, atjihe tji ozonḏarae tjimuna onya yohorongo.
	A kudu horn turns round. In this world there is nothing that remains unchanged or is immortal. Everything turns like a kudu's horn.
General meaning	Oviṇa avihe mouye vi runduruka.
	All things change.
English equivalent(s)	......
English free rendering	......
Context(s)	U ungurisiwa oviṇa tji vya runduruka poo tji mavi munika aayo kamaavi karunduruka.
	It is used when things have gone through change, or when things are so constant that it seems as if they could continue forever without change.
Cross reference	136

136 Ouye kau rarere kondo imwe.

Literal translation	*The world does not sleep on one side.*
Origin	Omundu tja rarere kondo imwe u hora okutja otje tanaukira kondo indji oyarwe.
	If someone sleeps only on one side, that side becomes sore and they are obliged to turn to the other side.
General meaning	Oviṋa avihe mouye vi runduruka.
	All things on earth change.
English equivalent(s)	......
English free rendering	......
Context(s)	U ungurisiwa oviṋa tji vya runduruka poo tji mavi munika aayo kamaavi karunduruka.
	It is used when things have changed or when things are so constant that it seems as if they will continue forever without change.
Cross reference	135

137 Ousyona u nomapindi, ouingona u norombe.

Literal translation	*Poverty has wrath and wealth has jokes.*
Origin	Omundu tje ri omusyona u hakahana okupindika mena rokutja ousyona u mu kurungisa nungwari ingwi omutumbe ka kara noviṋa mbi mavi mu kurungisa, okutja oruveze aruhe otje kara menyando.
	When a person is poor they are emotional or always in a bad mood, becoming angry very easily because of their poverty. In contrast, a wealthy person always makes jokes.
General meaning	Omusyona u hakahana okupindika ngunda omuvyare e suvera okunyanda.
	A poor person becomes angry easily, while the well-to-do love making jokes.
English equivalent(s)	......
English free rendering	......
Context(s)	U ungurisiwa omusyona tji ma pindike tjimanga ngunda omutumbe ama nyanda orombe.
	It is used when a poor person becomes angry in a situation in which the wealthy person merely makes jokes.

138 Ekuta ri parura ombandje.

Literal translation *Satiation rescues a jackal.*

Origin Poṇa tji pe na oviṇa poo ovikurya ovingi mbya takavara tjinene, pe yenena okuvatererwa imbi mbi ri mouhepe.

When there is an abundance in general or an abundance of food, people who are in need may be helped by receiving the surplus that more privileged people feel they can do without.

General meaning Oviṇa ovingi vi yamena po omuhepe.

Abundance comes to the aid of those in need.

English equivalent(s) ......

English free rendering ......

Context(s) U ungurisiwa omunaukaiya tja paruka mena rokutja poṇa pe ya pa takavara oviṇa ovingi.

It is used when a person who is in need has been assisted because they discovered a place of abundance.

139 Ngondi pewa u huhane.

Literal translation *A poor person becomes in high spirits when given something.*

Origin Omusyona tja pewa otjiṇa otjinanḍengu u vyara tjinene nu a zembi kutja otjiṇa ho wa pewa i uṇe.

When a poor person is given something valuable, they enjoy it to the point of forgetting the person who was their benefactor.

General meaning Omusyona tja pewa u vyara ngandu ndi tja zembi ouwa mbwa tjitirwa.

When a poor person receives a favour they become joyful, but unfortunately soon forget the favour.

English equivalent(s) ......

English free rendering ......

Context(s) U ungurisiwa omusyona tja pewa otjiṇa otjiwa tji ma hambana tjinene ngandu ndi tja zembi omundu ngwe mu tjitire ouwa mbwi.

It is used when a poor person, after receiving support from a benefactor, becomes joyful to the point that they forget the person who has done the favour for them,

Cross reference Compare: 114

140 Mba rasa orutake (orutako).

Literal translation	*I licked a stirring stick.*
Origin	Korutake tji rwa zu nokutaka kaku sewa ovikurya ovingi. Omundu tji ma rasa orutake okutja ma ri oukurya outiti tjinene mbu hi na hepero.
	After use, a stirring stick has so little food sticking to it, that licking it will not provide enough nourishment to help a hungry person.
General meaning	Mba muna ouzeu.
	I experienced very serious problems.
English equivalent(s)	*She/he is not much more than skin and bones.*
English free rendering	*If that person does not eat soon they will starve.*
Context(s)	U ungurisiwa omundu tje ri mouzeu tjinenenene mbwa yetwa i ondjara. Pu mape hee kutja u ri pookutondjara.
	It is used when a person suffers so seriously from hunger that they are on the verge of starving.

141 Kor' okoye komukweṇu ke rweza.

Literal translation	*Take care of yours; that of others spoil.*
Origin	Omundu u sokuyandja ombango kokukora ovanatje ve mena rokutja tja koro ovanatje vovakwao kombunda mave yaruka kovanene vavo.
	One should give primary attention to the care of one's own children. Caring for others' children will only end in their returning to their own parents.
General meaning	Tumba ingwi owoye womukweṇu ma yaruka kovanene ve.
	Take care of your own child. If you take care of someone else's child they will eventually leave you, despite your care, to return to their parents.
English equivalent(s)	……
English free rendering	……
Context(s)	U ungurisiwa otjerakiza komundu kutja ma yandje ombango kovanatje ve omuini mena rokutja imba vovakwao ve yaruka ave kavatera ovanene vavo.
	It is used as a warning to people who, out of the goodness of their hearts, care for children who are not their own, in the end resulting in a waste of their resources because those who have been helped do not stay with them but return to their parents, who become the ultimate recipients of that generosity.
Cross reference	143

142 Mba kambura ongeyama eraka.

Literal translation	*I caught a lion's tongue.*
Origin	Ongeyama otjipuka otjinaumba tjinene komundu nu tji tji na omayo omatwe tjinene nu wina eraka rayo ri ri pokati komayo omatwe nga. Tji wa kambura eraka rayo ndi ri pokati komayo omatwe nga okutja u ri moumba tjiri.
	A lion is a very dangerous animal which has very sharp teeth. If you manage to capture its tongue you are really in great trouble because the lion's teeth will now be able to bite you easily.
General meaning	Okukara moumba ounene.
	I am in big trouble.
English equivalent(s)	*Out of the frying pan, into the fire.*
English free rendering	*You may believe you have escaped danger, only to find that your situation has just got a lot worse!*
Context(s)	U ungurisiwa omundu tje ri mouzeu ounene.
	It is used when a person finds themselves in great danger or trouble.
Cross reference	Compare: 34, 35, 38

143 Tjiuti korao tjaa muhuka ke ku kore.

Literal translation

Take care of him/her, one day she/he may take care of you in return.

Origin

Omunene ma sokukora nokutumba omuatje we okutja omuatje muhuka me mu kore wina.

Parents should take good care of their child so that the child, once the parents have become old, will be willing to take care of them in their old age.

General meaning

Ṯakamisa ovanatje nawa kutja ovo muhuka ve ku ṯakamise.

Take care of your children and they will take care of you in your old age.

English equivalent(s)

What goes round, comes around.

English free rendering

What you have done to, or for, others has the tendency to come back to you.

Context(s)

U ungurisiwa otjerakiza kovanene kutja ve toore omerizirira wokutumba ovanatje vavo noupatje mena rokutja owo ye na otjisuta kombunda tji matji kotoka ku vo.

It is used as a warning to parents to take their responsibility seriously, as it reminds them that this care will be returned in kind one day.

Cross reference

141

144 Eho katambo.

Literal translation	*It is an eye it is not a back.*
Origin	Eho ondi muna nungwari etambo kari munu.
	An eye sees, but the back does not.
General meaning	O pata omundu otjiṇa tja munu.
	Do not refute someone who has seen something.
English equivalent(s)	......
English free rendering	......
Context(s)	U ungurisiwa omundu tji ma pata omundu otjiṇa tja munu.
	It is used when a person refuses to give something to another person who claims to have seen it.

145 Ehi ra ura ovikombe, ovakazendu va ura ovarumendu.

Literal translation	*Dust conquered brooms and wives conquered husbands.*
Origin	Ehi mondjuwo tji ra rire enyingi tjinene ovikombe kavi sora okukomba, nu ovakazendu tji mave hungire tjinene ovarumendu kave sora okuveṱizira movitoma.
	When the dust in a room piles up and becomes too much, brooms will find it difficult to sweep the dust away. When women talk too much, men find it difficult to control them.
General meaning	Oviṇa nambano vya runduruka vya pita movitoma.
	The situation has changed and and things are in disarray.
English equivalent(s)	......
English free rendering	......
Context(s)	U ungurisiwa otjiṇa tji tja piti momaṱiziro omasemba poo tji tji he tji nomaṱiziro rukwao.
	It is used when a situation has become unmanageable.

146 Ehoro ra Murema nda rasew' onde.

Literal translation	*A sacred wooden vessel of Murema that has been licked by a fly.*
Origin	Ovaherero ve na ozondjupa ozondumehupa ozondere nde ha nuwa i ovandu ngamwa. Okutja onde itjimwe tjovina mbi ha sere okunwa omaere wozondjupa ozondumehupa.
	Ovaherero have sacred calabashes, in which they keep milk that should not be offered to just anyone. Like unknown persons, a fly is a creature that should not drink or come in contact with this milk.
General meaning	Otjina otjizere nambano tja zeruruka poo tja yamburuka.
	Something that was once sacred has become worldly.
English equivalent(s)	*Cast ye not your pearls before swine.*
English free rendering	*Do not debase or treat as profane, that which is sacred.*
Context(s)	U ungurisiwa ovina ovizere tji vya zerururwa.
	It is used when something sacred has become profane.

147 Eyuru kari nozombanɖe kari rondwa.

Literal translation   *The sky does not have ladders; one cannot climb it.*

Origin   Eyuru otjiŋa tji tji ri kokure tjinene kombanda. Okutja otji pe hi na ombanɖe ndji mai vaza ngo kaparukaze. Otji pe hi na umwe ngu ma rondo okuyenda poo okuvaza ngo. Omundu tja ʈu otje kavaza ngo uriri. Nu imba mba sewa po kave na kuyenena okuronda okukaningira ombatero kombanda ngo nokukotoka.

The sky is so expansive and vast that no ladder is long enough to span it. No one can climb a ladder into the vastness of heaven. A person will only traverse it when they die. Those who remain behind when a loved one dies will not be able to climb after them, begging them to return or to lend them assistance in the future.

General meaning   Omukuvatere tja ʈu ko na pu u kakwa.

If your protector dies you are stranded and have nowhere to turn for help.

English equivalent(s)   ......

English free rendering   ......

Context(s)   U ungurisiwa omundu tje hi na poŋa pu ma munu ombatero mena rokutja omumuvatere wa ʈa.

It is used when a dependent person loses their primary caregiver or helper through death.

148 Enyo kari tja mba ri, omiṇa kavi tja mba roro.

Literal translation

The mouth does not say I have eaten, the lips do not say I have tasted.

Origin

Omundu tja suvera ovikurya nu tje rya oruveze aruhe poo tje vanga okurya oruveze aruhe, ongu hewa kutja enyo re kari tja mba ri nu omiṇa vye kavi tja mba roro nangarire kutja mavi zu nokurya nambano nai.

Someone who loves food and eats all the time or attempts to eat continuously, is a person whose mouth says, 'I have not eaten' and whose lips say, 'I have not tasted'.

General meaning

Nandi wa ri oviwa u vanga komeho.

Although a person has eaten recently, they are not satisfied and want to eat more.

English equivalent(s) ......

English free rendering ......

Context(s)

U ungurisiwa okuteta omundu ngu vanga okurya oruveze aruhe nangarire kutja wa zu nokurya nambano.

It is used to mock someone who always wants to eat, although they may have just eaten.

149 Etambo ku u ririra oro ndi nde ku vereka.

Literal translation	*The back you cry for is the one that has carried you.*
Origin	Omundu u ririra etambo ndi mu vereka aruhe poo omundu ngu mu vatera aruhe.
	A child is accustomed to the back that has always carried him/her or to the person who has always helped them.
General meaning	Ombatero u ningira ku ngu ku vatera.
	Someone usually asks for help from the person who has helped them in the past or the one who usually helps them.
English equivalent(s)	......
English free rendering	......
Context(s)	U ungurisiwa omundu tji ma vanga okuningira ombatero komundu ngu mu vatera aruhe.
	It is used when someone wishes to ask for help from the person who has helped them in the past.
Cross reference	153, (Compare: 168)

150 Etini rangondi ri kwata nu kari tumu.

Literal translation
Genitals of a poor person bear children but do not send them.

Origin
Ovanatje vomusyona kave kara pu na ye mena rokutja eye ke na kuyenena okuvetumba avehe okutja otji ve kara kozonganda zovandu varwe ku ve kamuna ombatero yoviṇa mbi mave hepa.

A child of a poor person will not stay with its parents because the parents cannot satisfy their basic needs. The child stays with others who are able to provide for their basic needs.

General meaning
Omuatje womusyona ombatero u yandja ku mbe mu vatera.

A poor parent's child is helped by other people who provide for its basic needs.

English equivalent(s) ......

English free rendering ......

Context(s)
U ungurisiwa omusyona tje hi na omuvatere poo tje riungurira erike ngunda e na ovanatje.

It is used in the case of a poor person who has children but who has no helper, or when that person must fend entirely for him/herself without assistance.

151 Ewe ri tenisa ongwe.

Literal translation	*A rock lets a leopard be spoken about.*
Origin	Ozongwe ze kara mozondundu nu otji ze ţara momawe ţji maze rumata ovandu. Momuano mbwi ozongwe otji za rira 'ovazamumwe' vomawe nu potuingi otji za hara orupe ku nomawe.
	Leopards live in mountainous areas and usually take cover behind rocks as they wait to attack humans. In this way leopards came to be seen as 'relatives' of rocks and certainly they became associated with rocks.
General meaning	Ovitjitwa vyomundu woye vi ku tamunisa.
	The behaviour of your relatives will eventually be associated with you as well, giving people cause to talk about you.
English equivalent(s)	......
English free rendering	......
Context(s)	U ungurisiwa otjiņa tjimwe tji matji hungire tjarwe tji tji na orupe na tjo.
	It is used in situations in which a cause and effect relationship between two events or things is perceived, causing the latter to become tho object uf speculation or gossip.

152 Omunavineya u zepa na ngwe i.

Literal translation	*A cunning person also kills one whom she/he knows.*
Origin	Omunavineya u tjita ovineya komundu auhe ngamwa nangarire omuzamumwe we poo epanga re.
	It is the nature of a cunning person to trick everyone, even their close relatives and friends.
General meaning	Omundu omunavineya omunavita womundu ngamwa.
	A cunning person is always someone's enemy. They are worthy of no one's trust.
English equivalent(s)	......
English free rendering	......
Context(s)	U ungurisiwa omunavineya tji ma tjiti omundu ngu ma tjiwa nawa ovineya.
	It is used when a cunning person tricks a close acquaintance.

153 Pa omundu o pe ombwa (pomundu o pombwa).

Literal translation	*Give to a person not to a dog.*
Origin	Tji wa yandja otjiŋa komundu mape ya muhuka e ku zemburuka e ku tjitire ouwa nungwari ombwa muhuka kamaai kazemburuka ouwa mbu we i tjitira.
	When you give something to a person, they may remember you one day and return the favour. On the other hand, a dog will never remember your kindness.
General meaning	Omundu omunandengu tjinene pombwa.
	A person possesses more value than a dog.
English equivalent(s)	......
English free rendering	......
Context(s)	U ungurisiwa omundu ngu wa vaterere tje ku pe otjiŋa.
	It is used when someone you have helped does a favour for you in return.
Cross reference	149

154 Ongombo i riparera otjipare tjayo oini kai parere ongombona yayo.

Literal translation *A goat ewe prepares its own place not for its kid.*

Origin Ongombo tji mai rara i para otjipare pu mai rara nungwari kai parere ongombona yayo.

When a goat ewe is about to sleep, it will prepare for itself a place to lie down but will not do so for its kid.

General meaning Omundu auhe u ripurira ku ye omuini.

People tend to think only of themselves and not of others.

English equivalent(s) ......

English free rendering ......

Context(s) U ungurisiwa omundu tji me riungurire otjiṇa tje omuini nungwari tje (he na kuungurira po ovakwao.

It used when someone prepares something for themself without taking their friends into consideration.

155 Metundu rohorongo mwa tura onganda yarwe.

Literal translation   *Another homestead has settled in the kudu patrilineage old settlement.*

Origin   Otja kombazu metundu rohorongo kamu sokutura onganda yarwe mena rovirangera vyayo mbya haṇika tjinene ku na ovirangera vyozonganda zarwe. Okutja tji mwa tura onganda yarwe mape hee kutja oviṇa nambano vya runduka okuyenda kouvi.

In Ovaherero tradition, it is not permissible for one patrilineage homestead to resettle in an old kudu patrilineage settlement. When this does occur it means that relations have changed for the worst.

General meaning   Oviṇa nambano vya runduruka.

The situation has changed.

English equivalent(s)   *The wind has changed direction.*

English free rendering   *Circumstances are not what they were previously.*

Context(s)   U ungurisiwa oviṇa tji vya runduruka tji vi he tji kongorere omazeva wombazu rukwao.

It is used when circumstances have changed in such a way as to divert from accepted customs and norms.

Cross reference   21, 22, 23

156 Ondunge imwe vazewa na yo nu yarwe isa ku mbwae yoye.

Literal translation

You may possess one advice and get another from your friend.

Origin

Omundu wina u sokupuratena kozondunge nḏu ma pewa i ovakwao.

One should also listen to the advice of one's friends.

General meaning

Ondunge yomundu omuini kai yenenene.

Sometimes it is advisable to listen to a friend's advice and not rely solely on one's own opinion.

English equivalent(s)   ......

English free rendering   ......

Context(s)

U ungurisiwa omundu tja munu kutja ondunge yomukwao ye mu vatere poo omundu tji ma yandja ondunge komukwao.

It is used when someone is able to admit that their friend's advice has helped them a lot, or when a person advises their friend.

Cross reference   56

157 Omuyeve ombango ndji ma yeve na yo ongoṱu kandji me i purura na yo.

Literal translation *The will with which a hunter hunts an antelope is not the same will with which he skins it.*

Origin Omundu ombango ndji ma utu na yo otjiṋa kandje kamana na yo tjandje ya yende amai ṱiṱipara.

The willpower with which somebody initiates a task gradually weakens as the process moves toward an end.

General meaning Ombango onḓeu omundu ndje uta na yo, komaandero i kaṱiṱipara.

The strong determination with which a person begins a task often diminishes towards the end.

English equivalent(s) ......

English free rendering ......

Context(s) U ungurisiwa omundu ngwa utu otjiṋa nombango ondwe kombunda tji ya kangundipara.

It is used when someone has started something with great determination, only to find that their willpower diminishes later on.

158 Okuŋiŋa omundu nomuinyo.

Literal translation   *To swallow somebody alive.*

Origin   Omundu tja pindike tjinene tja vaza pondondo yokuvanga okutona omundu poo ngahino okuzepa omundu, otji ku za wa hara okuŋiŋa omundu nomuinyo.

If, after becoming extremely annoyed, a person reaches the verge of beating, or even killing, someone, it is said that they nearly swallowed that person alive.

General meaning   Okupindikira omundu tjinene nokumuhungira nomasa.

When a person is furious, they can become verbally abusive.

English equivalent(s)   *To skin someone alive.*

English free rendering   *Someone who is extremely angry can become unstable and even dangerous.*

Context(s)   U ungurisiwa i omuhungirwa tja zu nokuhungirwa.

It is used by someone who has been verbally abused or spoken to in an unkindly manner.

159 Omutwa u kura omatako ke kuru omutima.

Literal translation	*A stranger's buttocks grow big but not her/his heart.*
Origin	Ovatwa poo ovasyona mombazu yOvaherero kaave varwa otjovandu ovasemba okutja ku vo otjaaku ha puratenwa nangarire kutja mave yandja ondunge ombwa.
	In the past, Ovaherero did not listen to strangers or poor people; they were disregarded and considered worthless and their good advice was ignored.
General meaning	Omutwa poo omusyona kaku puratenwa nangarire kutja ma yandja ondunge ombwa.
	A stranger is customarily not regarded, although they may give good advice.
English equivalent(s)	......
English free rendering	......
Context(s)	U ungurisiwa omundu tji ma yandja ondunge ombwa nu tji ku he na kupuratenwa mena rokutja omusyona poo omutwa.
	It is used when the advice given by a poor person or a stranger happens to be sound advice, yet people do not listen due either to that person's poverty or the fact that they are not familiar.

160 · Sura u munike.

Literal translation	*Swell to be seen.*
Origin	Omusyona kutja ovandu ve mu mune kutja wa vere u sokusura.
	The illness of a poor person is not believable, unless their body swells.
General meaning	Omundu u sokumuna kutja ma kambure.
	One must see something for oneself in order to believe it.
English equivalent(s)	*Seeing is believing.*
English free rendering	*One must see something for oneself in order to believe it.*
Context(s)	U ungurisiwa omundu tje hi na kukambura mena rokutja ke ya muna.
	It is used when someone refuses to believe something because they have not seen it with their own eyes.

161 Omuatje womusyona ke na hivo.

Literal translation	*A poor person's child does not have praise.*
Origin	Omuatje womusyona tja tjiti otjiṇa otjiwa pamwe nomuatje womuhona okutja ondangu i yandjewa ku ingwi womuhona nangarire kutja rumwe ingwi womusyona ongwa tjiti otjiṇa ho.
	When the children of a poor person and a wealthy person work on something together, the wealthy child receives the praise, though the poor child may have contributed more.
General meaning	Potuingi omusyona ka munu ondangu ndja sere okumuna.
	A poor person usually does not receive the praise they deserve.
English equivalent(s)	......
English free rendering	......
Context(s)	U ungurisiwa omusyona tja tjiti otjiṇa nu tje hi na kumuna ondangu ndje mu pwire.
	It is used when a poor person has accomplished something but does not receive the praise she/he deserves.

162 Kakwikwi kombanda kamakuiya kehi.

Literal translation   *Nice words on top, thorn bush at the bottom.*

Origin   Omundu tji ma tjiti aayo ma ţondjenda nangwari mourekoto we ma nyanda omutima.

A person pretends to be sympathetic, but secretly they are very unsympathetic.

General meaning   Omunavineya eka ra Kangondo.

A very thorny person. That person is not what they appear to be.

English equivalent(s)   ......

English free rendering   ......

Context(s)   U ungurisiwa omundu tji ma tjiti aayo ma ţondjenda nangwari e ri pu ma vanga.

It is used when a person pretends they are sympathetic, because they wish to be perceived as such, although in fact they are not.

163 Tji u hi na masa rira omunazondunge.

Literal translation   *If you are not strong be clever.*

Origin   Omundu kutja ma hupe mouye mbwi tje hi
na omasa ma sokukara nozondunge poo ma
sokukara na vyo aviyevari. Tje hi na tjimwe tjaimbi
okutja ke na kuhupa.

*In order for a person to survive in this world,
they must either be strong or clever, if not both.
Without at least one of these qualities, a person
will not survive.*

General meaning   Okokuzeu komundu okuhupa mouye mbwi tje hi
na omasa poo ozondunge.

*In this world only the strongest and most clever
survive.*

English equivalent(s)   *Only the strong survive.*

English free rendering   *The harshness of the world makes it difficult for all
but a few to survive its rigours intact.*

Context(s)   U ungurisiwa otjerakiza komundu kutja ma tjize.

*It is used to give advice, to tell someone they
must remain alert in order to survive.*

164 Omuwovwa ke na zondunge.

Literal translation   *A deceived (person) is not wise.*

Origin   Omundu tji ma tjitwa ovineya ka munu kutja ma tjitwa tjike nungwari kombunda otje kamuna kutja wa tjitwa ovineya.

If a person is being deceived they may not realise it while it occurs, however, eventually they will come to understand they have been tricked.

General meaning   Omuwovwa ka tjizire po.

A deceived person will sooner or later detect that they have been tricked.

English equivalent(s)   *He pulled the wool over my eyes.*

English free rendering   *A person has attempted to trick someone by hiding their true intentions from them.*

Context(s)   U ungurisiwa omundu tja zu nokutjitwa ovineya nu tja kamuna kutja nangwari wa tjitwa vi.

A person would use it after they became aware that they had just been tricked or deceived.

165   O yarura ouvi mouvi.

Literal translation	*Do not return evilness in evilness.*
Origin	Omundu tja tjiti omukwao navi, omukwao ngwi u pindika na toora ongore mena rokutjitwa navi.
	When a person has offended someone, the offended person becomes angry and prepares to take revenge.
General meaning	Isira omundu ngwe ku tjiti navi. O tjiti omundu navi ngwe ku tjiti navi.
	Forgive someone who has offended you. Do not treat badly someone who has treated you badly.
English equivalent(s)	*Two wrongs do not make a right.*
	Forgive and forget.
English free rendering	*Treating someone who has offended you with malice will not improve your situation.*
Context(s)	U ungurisiwa otjeronga komundu ngwa tjitwa navi kutja ma isire omuzunḑe ngo.
	It is used as an admonition to someone who has been treated badly, that they may forgive the wrongdoer.

166 Aya za mondaura kai isa ozondeku momutjira.

Literal translation
That which was born by one with spotted tail will not be without spots on its tail.

Origin
Ondana yongombe ondaura potuingi i kara nouvara komutjira.

A calf born of a cow with a spotted tail will most likely have a spotted tail as well.

General meaning
Otjiṋa atjihe tji sisiwa i otjiihe poo otjiina momuano umwe poo omukwao.

Offspring usually resemble their parents in some way or another.

English equivalent(s)
An apple never falls far from the tree.
Like father, like son. Like mother, like daughter.

English free rendering
People are similar to their parents and often visibly manifest a connection to their roots.

Context(s)
U ungurisiwa otjiṋa tji tja sana ku tjimwe tjovinene vyatjo.

It is used when a person remarks about the obvious resemblance someoone has with their parents.

Cross reference
52

167 Otjiwa kove otjivi komukweṇu.

Literal translation	*That which is good for you is bad for your friend.*
Origin	Omundu umwe u vanga otjiṇa tji tji he na kuvangwa i omundu warwe.
	A person may like something that is disliked by someone else.
General meaning	Tji u vanga katji vangwa i omundu warwe.
	What you may like is often disliked by someone else.
English equivalent(s)	*There is no accounting for taste.*
	To each his own.
English free rendering	*People have different tastes.*
Context(s)	U ungurisiwa omundu tji ma nyengwa otjiṇa tji tja suverwa i warwe. Okutja otje ri ouzeu komundu okuzuva kutja omundu warwe ongwae tja suvera otjiṇa eye tje ha vanga.
	It is used when a person rejects or belittles something that is favoured by someone else.
Cross reference	Compare: 67

168 Ondjamba u panda ku wa ri omaze.

Literal translation	*You praise the elephant from which you have eaten fat.*
Origin	Omundu tja ri onyama yondjou ndja ṇuna nawa otje muna kutja wa ri ovikurya oviwa tjinene.
	When someone has eaten the fatty meat of an elephant, they believe they have eaten very good food.
General meaning	Omundu u panda omundu ngwe mu tjitire ouwa
	A person will praise someone who has done them a favour.
English equivalent(s)	......
English free rendering	......
Context(s)	U ungurisiwa omundu tja ri poo tja tjitirwa otjiṇa otjiwa nu tji me rimunu nawa.
	It is used when a person has eaten something very delicious or when something good has been done for them.
Cross reference	Compare: 149

169 Pe na ndino pe na muhuka.

Literal translation	*There is today there is tomorrow.*
Origin	Ndino kandi ri eyuva porwaro nungwari eyuva ramuhuka mari ya wina. Okutja mu avihe mbi matu tjiti matu sokuripurira poo okupwikira muhuka wina.
	Today is not the only day, for tomorrow will come. We should remember tomorrow as well.
General meaning	Omundu tji ma ungurisa oviṇa vye ndino ma sokuripurira ku muhuka wina.
	When someone is spending his/her valuables they should may also take cognisance of the future.
English equivalent(s)	*Spending as if there were no tomorrow.*
English free rendering	*When taking action or spending money, one should always take the future into account.*
Context(s)	U ungurisiwa omundu tji ma ungurisa oviṇa vye nokuhina okuripuruira koruyaveze. Wina u ungurisiwa i omundu ngu ma kondjo okupwikira oruyaveze.
	It is used when someone spends their money or gives away their wealth without taking cognisance of the future, acting as if there were no future. It is also used when someone makes an attempt to save for the future.
Cross reference	107

170 Ku wa hurira omakuiya wako kaye twere.

Literal translation   *Where you love their thorns do not prick.*

Origin   Omundu ka munu ouvi womundu ngwa suvera poo movazamumwe vomundu ngwa suvera. Nangarire kutja ovandu varwe mave munu ouvi, omuhure ka roro okumuna kaparukaze poo ngahino u ripoṭuparisira wina.

A person does not find mistakes or shortcomings in someone they love or in their relatives. Although other people may see shortcomings, a lover will not see them, and if they do, they will regard them with a fault-covering eye.

General meaning   Orusuvero ru poṭuparisa omundu.

Love makes a person disregard shortcomings.

English equivalent(s)   *Love is blind.*

English free rendering   *When you love someone, you cannot see their faults.*

Context(s)   U ungurisiwa omundu tje he na kumuna ouvi womundu ngwa suvera poo ouvi wovazamumwe vomundu ngwa suvera.

It is used when a person fails to find mistakes or shortcomings in their relatives or in someone they love.

171 Ku yeurwa ndji mai riroro.

Literal translation	*They help those who try.*
Origin	Ongombe tji i na erambu, rumwe tji ya rara kai sora okupenduka. Okutja ovandu otji ve i yeura nungwari oyo oini tji i hi na okurivatera okutja ombatero yokuyeurwa i rira ongundi.
	When a lean cow lies down, sometimes it finds it difficult to get up again. Even if people try to help the cow, if it makes no attempt to stand on its own, the help it receives is useless.
General meaning	Ku vaterwa otjiṇa tji matji kondjo okurivatera otjini.
	Those who help themselves will also be helped by others.
English equivalent(s)	*God helps those who help themselves.*
English free rendering	*It is much easier to help someone who makes an effort for themself.*
Context(s)	U ungurisiwa omundu tji ma vanga okuvatera omundu warwe nungwari a kamuna kutja eye omuini ke rivatere, okutja a nanununa ombatero ye.
	It is used when a person tries to help someone else, only to find that they make no effort to help themself, and so they withdraw their assistance.

Omiano omitorokwa
CALQUES

Omuano omutorokwa otjikeṇa?

Omuano omutorokwa omuano mbu torokwa ongarate okuza komaraka warwe.

What is a calque?

A calque is a literally translated proverb or idiom from another language.

Omahereroparisiro

Calques	Omiano omitorokwa
Literal translation	Omatorokero ongarate
General meaning	Omaheya
English/Afrikaans original	Omuze wOtjiingirisa poo Otjimburu

1 Okasino kake putara mewe rimwe tuvari.

Literal translation   *A donkey does not stumble over the same stone twice.*

General meaning   *One will not make the same mistake twice.*

Afrikaans original   *'n Esel stoot hom nie twee keer aan dieselde klip nie.*

2 Orusuvero orupoţu.

Literal translation   *Love is blind.*

General meaning   *Someone in love does not see the faults of the person they love.*

English original   *Love is blind.*

3 Ngu tjinda engaruvyo ma ţengaruvyo.

Literal translation   *He who carries the sword will die by the sword.*

General meaning   *If you behave in a risky way, you are likely to have problems. People die the way they live.*

English original   *He who lives by the sword dies by the sword. He who plays with fire gets burnt.*

4 Omunarumongo mehi rovapoţu.

Literal translation   *She/he is the one-eyed in the land of blinds.*

General meaning   *She/he is the only expert.*

English original   *In the land of the blind, the one-eyed man is king.*

5   Pu pe nomuise mutu pe nomuriro.

Literal translation   *Where there is smoke there should be a fire.*

General meaning   *There could be some truth in the rumour.*

English original   *Where there's smoke there's fire.*

6   Nḓe nomainya nga sana onḓe tuka pamwe.

Literal translation   *Those with feathers that look similar are those that fly together.*

General meaning   *People of the same kind are usually found together.*

English original   *Birds of a feather flock together.*

7   Pu pe nombango pe nondjira.

Literal translation   *Where there is a will there is a road/path/way.*

General meaning   *Someone with determination will find a way to reach their goal.*

English original   *Where there's a will, there's a way.*

8   Omakaya ya ningena.

Literal translation   *The tobacco is wet.*

General meaning   *It has failed.*

Afrikaans original   *Die twak is nat.*

9 Tji mo kunu otji mo kondo.

Literal translation   *What you have sown is what you will cut.*

General meaning   *You have to accept the consequences of your actions.*

English original   *As you sow, so shall you reap.*
You reap what you sow.

10 O pendura ombwa ndja rara.

Literal translation   *Do not awaken a sleeping dog.*

General meaning   *Do not tease or irritate a person who has taken no notice of you, for if you attract their attention, they may make trouble.*

English original   *Let sleeping dogs lie.*

Afrikaans original   *Moenie 'n slapende hond wakker maak nie.*

Omiano vyohungiriro
IDIOMS

Omuano wohungiriro otjikeŋa?

Omuano wohungiriro okatimbuhewo poo okamuhewa komaheya nge ha ketasana nomaheya womambo nge ri mokamuhewo ngo nu mbu rihongwa ombomba nao uriri, tjimuna. Otjirongo tji rumata ovinamuinyo (Tji ŋunisa ovinamuinyo).

What is an idiom?

An idiom is a phrase or sentence whose meaning cannot be deduced from the meaning of its individual words, and which must be learned as a whole unit, e.g. Otjirongo tji rumata ovinamuinyo (literally 'The place bites livestock') 'The place makes livestock fat.'

Omahereroparisiro

Idioms	Omiano vyohungiriro
Literal translation	Omatorokero ongarate
General meaning	Omaheya
Context(s)	Ongaro mu mu ungurisiwa omuano

1 Otjirongo tji rumata ovinamuinyo.

Literal translation	*The place bites livestock.*
General meaning	Otjirongo tji ṋunisa ovinamuinyo.
	The place fattens its livestock.
Context	Omuano mbwi u ungurisiwa omundu tji ma vanga okuhandjaura kutja ovinamuinyo tji vya tura motjirongo ho vi ṋuna nawa.
	It is used to explain that the pasture of a place is good for livestock.

2 Mba ramwa.

Literal translation	*I am choked (by food).*
General meaning	Hi na kutjiwa kutja hi tje vi poo hi tjite vi.
	I am puzzled (by words or questions).
Context	U ungurisiwa omundu tje hi na kuyenena okuzirira komambo poo kepuriro nda purwa.
	It is used when someone does not know how to respond to a question asked of them.

3 Mbi na otjiṋa tji matji ndji ri momuinyo.

Literal translation	*I have something that is eating me inside.*
General meaning	Mbi na ouzeu momuinyo.
	I have a problem that is disturbing my thoughts.
Context	U ungurisiwa i omundu ngu na ouzeu momuinyo.
	It is used by a person who is stressed, depressed or miserable.

4 Mba pitwa.

Literal translation   *I am out gone.*

General meaning   Mba pambauka.

I am flabbergasted. I am puzzled.

Context   U ungurisiwa i omundu ngu ma zuŋɖa oviŋa. Neye tja munu kutja wa zuŋɖa otje hungira omuano mbwi.

It is used by someone who has erred without a clue of what they've done. When they become aware that they have erred they use this idiomatic expression.

5 U nyuta.

Literal translation   *She/he folds.*

General meaning   U rya tjinene.

She/he eats too much.

Context   U ungurisa omundu tji ma yamba omukwao kutja u rya tjinene.

It is usually used in gossip, when a person refers to someone who eats too much.

6 Wa tuka mba ma kotoka nambano.

Literal translation   *She/he flew there she/he will come back soon.*

General meaning   Wa i mba tjimanga nu ma kotoka nambano.

She/he quickly went somewhere and she/he will return soon.

Context   U ungurisiwa omundu tji ma vanga okuyenda kwarwe nokukotoka tjimanga.

It is used when someone wants to go somewhere quickly and intends to return soon.

7   U nomeho omare.

Literal translation   *She/he has long eyes.*

General meaning   Omukorondu

He is a womaniser (when referring to a man) or she is a prostitute (when referring to a woman).

Context   U ungurisiwa okuyamba omundu ngamwa ngu nomapanga womorusuvero omengi.

It is usually used when gossiping about someone who has many sexual partners.

8   Omatwi wa haama ko.

Literal translation   *Ears she/he sits on them.*

General meaning   Omuhahu ka zuvasana.

She/he is noncompliant.

Context   U ungurisiwa komundu ngu ha puratene ku mbi ma raerwa.

It is used in reference to someone who refuses, or fails, to comply with what they are told.

9   Ke na matwi.

Literal translation   *She/he does not have ears.*

General meaning   Omuhahu ka zuu.

She/he is disobedient.

Context   U ungurisiwa komundu ngu ha zuu ku mbi ma raerwa.

It is used to refer to someone who refuses, or fails, to obey commands.

10   Wa rya ozombapira.

Literal translation   *She/he ate papers.*

General meaning   Wa hongwa nawa.
She/he is well-educated.

Context   U ungurisiwa ohunga nomundu ngu ma yarisa omahongero omawa okuza mu mbi ma hungire.
It is used to refer to someone who demonstrates that they are well-educated by the way they speak.

11   Omuzandu ngo wa ningena.

Literal translation   *That boy is wet.*

General meaning   Otjingundi ke na masa.
He is frail.

Context   U ungurisiwa komundu ngu he na omasa morutu na ngu he na ombango ondwe mokutjita oviṇa.
It is used to refer to someone who is physically and/or emotionally weak.

12   Me hihamwa omutima.

Literal translation   *My heart is hurting.*

General meaning   Me rimunu navi.
I feel bad.

Context   U ungurisiwa i omundu ngu notjiṇa tji matji mu ri momuinyo.
It is used by a person who is stressed, depressed or heartbroken.

13 Ovarumendu va tukana ozondana.

Literal translation   *The men have sworn at the calves.*

General meaning   Ovarumendu va pindi ozondana.

The men have castrated calves.

Context   U ungurisiwa omundu tji ma munu kutja okupinda mari pose oukukutu tjinene.

It is used when a person thinks that castration is the harsher treatment, and accepts an insult as the softer option.

14 Ndino ndi hi tjire.

Literal translation   *Today I did not sunrise.*

General meaning   Ndino ndi hi pendukire nawa.

Today I did not wake up well.

Context   U ungurisiwa komundu ngwa yeruka.

It is used to refer to a person who woke up in a bad frame of mind.

15 Omurumendu otjikata.

Literal translation   *The man is shrinkage.*

General meaning   Omurumendu u nongaro youkazendu.

The man possesses feminine qualities or traits.

Context   U ungurisiwa komundu ngu he na ongaro yourumendu.

It is used to refer to a man who exhibits feminine characteristics or behaviour.

16 Mbi notjiuru.

Literal translation	*I have a head.*
General meaning	Me hihamwa otjiuru.
	I have a headache.
Context	U ungurisiwa omundu tji ma hihamwa otjiuru.
	It is used by someone who has a headache.

17 Otjiuru tja u.

Literal translation	*The head has dropped.*
General meaning	Omuhihamo wotjiuru wa zu po.
	My headache has disappeared.
Context	U ungurisiwa omuhihamo tji wa yaruka pehi.
	It is used when headache pain has subsided.

18 Okuteera/okuyangera oviṭupa monyungu.

Literal translation	*To break/fold bones into a pot.*
General meaning	Okurara.
	To sleep.
Context	U ungurisiwa omundu tji ma vanga okurara.
	It is used when someone wants to sleep.

19 Wa rumata ozongombe mbari peṱa rongundwe.

Literal translation *He has bitten two cattle from his uncle's estate.*

General meaning Wa pewa ozongombe mbari poviṋa vyongundwe.

He has inherited two cattle from the estate of his deceased uncle.

Context U ungurisiwa omundu tja pewa oviṋa peṱa.

It is used when someone has inherited something.

20 Wa hiti eṱa rongundwe.

Literal translation *He entered the estate of his uncle.*

General meaning Wa yaruka moruveze rwongundwe ngwa ṱa.

He has taken over the estate of his deceased uncle.

Context U ungurisiwa omundu tja pewa otjingi tjoviṋa meṱa.

It is used when a person has inherited a majority share of an estate.

21 Wa ri omukazendu wongundwe.

Literal translation *He has eaten his uncle's wife.*

General meaning Wa rumata omukazendu wongundwe.

He has inherited his maternal uncle's wife.

Context U ungurisiwa omundu tja rumata omukazendu werumbi re poo wongundwe.

It is used when a person has inherited his deceased older brother's or maternal uncle's wife.

22 Ongava ya randa.

Literal translation	*The rhino is sold.*
General meaning	Omundu u na ovimariva ovingi.
	She/he has much money.
Context	U ungurisiwa omundu tje novimariva ovingi.
	It is used to refer to someone who has a lot of money.

23 Okuwa ozombwa.

Literal translation	*To fall dogs.*
General meaning	Okuurasana.
	It is a draw. Two things are assessed as equal.
Context	U ungurisiwa ovandu tji va urasana poo oviṇa tji vi ṱeki pamwe.
	It is used to refer to people who have the same status or when the items in two or more groups of things are equal in number or value.

24 Okuripatera ongwehe.

Literal translation	*To set a trap for oneself.*
General meaning	Okuṱa motjiṇa tji wa twire po varwe.
	To be hoist with one's own petard.
Context	U ungurisiwa omundu tja ṱu motjiṇa tja twa po omuini.
	It is used when one is trapped in one's own net.

25   Oruhere oruzorondu.

Literal translation	*The porridge is black.*
General meaning	Oruhere karu na ovitjatise.
	The porridge is not spiced.
Context	U ungurisiwa omundu tji ma ri oruhere ndu he na ovitjatise.
	It is used when a person is eating a porridge that is not seasoned.

26   U nezumo.

Literal translation	*She has belly.*
General meaning	Wa tumbapara.
	She is pregnant.
Context	U ungurisiwa komundu ngwa tumbapara.
	It refers to a woman who is pregnant.

27   Eye u teka navi.

Literal translation	*She/he scoops a lot badly.*
General meaning	Omundoronge: Eye u nwa otjikariha tjinene.
	The person is a drunkard because they drink too much.
Context	U ungrisiwa komundu ngu nwa tjinene.
	It is used to refer to someone who drinks too much.

28 Eye omusya wa Kainamatui.

Literal translation *He is a 'have-no-ears' nephew.*

General meaning Ka zuu poo ka puratene.
She/he is noncompliant.

Context U ungurisiwa komuatje ngu ha zuu.
It is used to refer to a disobedient child.

29 Wa tonwa komatwi.

Literal translation *She/he was beaten on the ears.*

General meaning Ka zuu
She/he does not listen.

Context U ungurisiwa komuatje ngu ha zuu.
It is used to refer to a badly behaved child.

30 Orukoro pokati komaoko.

Literal translation *The chest between the arms.*

General meaning Okuhina ongarera.
She/he acts with impartiality

Context U ungurisiwa omundu ngu ma kaendisa oviṇa tje hi na ongarera.
It is used when a person who leads procedures is impartial.

31 Wa tono ombaze ketako.

Literal translation *She/he hit a foot on buttock.*

General meaning Wa tupuka.

Someone has run away.

Context U ungurisiwa omundu tja tupuka nu tjinene tja tupukisiwa i omburuma.

It is used when someone has run away, especially out of fear.

32 Tji yetw' ombaze.

Literal translation *It is brought by a foot.*

General meaning Ouŋingandu u u muna tji wa ryanga.

You get lucky when you walk about.

Context U ungurisiwa okuraisa kutja tji wa haama uriri ko na kumuna tji mo zeri.

It is used to indicate that if you just sit around, you won't get what you desire.

33 Omawa otjowokurihungirira.

Literal translation *It is good as if speaking to oneself.*

General meaning Omambo omawa nu nge hi na ombatero.

It is good for nothing.

Context U ungurisiwa omundu tji ma hungire omambo nge hi na okuzuvaka.

It is used when someone says something that does not make sense.

34   Ombo pehi.

Literal translation   *It is an ostrich on the ground.*

General meaning   Okumuna otjiṋa otjinanḓengu oupupu.

To acquire something of value easily.

Context   U ungurisiwa omundu tja munu otjiṋa otjiwa oupupu nokuhakondjere.

It is used when a person has acquired something valuable without any, or with little, effort.

35   Okauwa wondjendjere.

Literal translation   *It is the beauty of* ondjendjere *fruit.*

General meaning   Ouwa wokombanda uriri nu mbu hi na omutjato.

It possesses beauty but has no taste.

Context   U ungurisiwa omundu tja nangarasi otjiṋa otjiwa otja kombuniko yatjo nu nangwari atji he na onḓengu poo omutjato omuwa.

It is used when a person is deceived by appearances, only to discover later that the object of their desire was worthless.

Ozomburo – Bibliography

http://en.wikiquote.org/wiki/English_proverbs

Bryson, Bill. 1991. *The Mother Tongue: English and How It Got That Way.* Harper Collins.

Kamupingene, T.K. 1985. Meaning of Place Names and the Phenomenon of Nomeclature in Otjiherero. *Logos 5, 66 – 71.* Windhoek: University of Namibia.

Kavari, J.U. 1995. Text Morphology of Otjiherero Folktales. Unpublished MA dissertation, University of Namibia.

Kavari, J.U. 2002. *The Form and Meaning of Otjiherero Praises.* Cologne: Rüdiger Köppe.

Kavari, J.U. 2006. The Antithetical Meaning of Proverbs. In Manfred O. Hinz (ed.) *The Shade of New Leaves. Governance in Traditional Authority: A Southern African Perspective.* Berlin: LIT Verlag.

Möhlig, W.J.G. 2000. The Language History of Herero as a source of Ethnohistorical Interpretation. In Bollig, Michael and Gewald, Jan-Bart, eds, *People, Cattle and Land. Transformations of a Pastoral Society in Southwestern Africa.* Cologne: Rüdiger Köppe.

Möhlig, W.J.G., Marten, L., Kavari, J.U. 2002. *A Grammatical Sketch of Herero (Otjiherero).* Cologne: Rüdiger Köppe.

Möhlig, W.J.G. and Kavari, J.U. 2008. *Reference Grammar of Herero (Otjiherero)* Cologne: Rüdiger Köppe.

Prinsloo, Anton F. 2004. *Spreekwoorde en waar hulle vandaan kom. 8000 Afrikaans expressions with English equivalents.* Kaapstad: Pharos.

Room, Adrian. 2005. *Brewer's Dictionary of Phrase and Fable* Millennium Edition. Weidenfeld & Nicolson.

Rundell, Michael. 2007. *Macmillan English Dictionary: for Advanced Learners.* Macmillan Education. Limited.

Ohly, Rajmund. 1984. Nesting in Herero: Language Economy and Language Philosophy. *South African Journal of African Languages* 4, 121-134.

Ohly, Rajmund. 1987a. Afrikaans Loan-words in Herero: The Question of Folk Taxonomy, *South African Journal of Linguistics* 5 (2), 119-130.

Ohly, Rajmund. 1987b. *The Destabilization of the Herero Language.* Windhoek: Academy.

Ohly, Rajmund. 1990. *The Poetics of Herero Song.* Windhoek: University of Namibia.

Ohly, Rajmund. 1999. A Grammatical Sketch of Herero. In *Studies of the Department of African Languages and Cultures,* No. 25. Warsaw University, Institute of Oriental Studies.

Oxford Advanced Learner's Dictionary: International Student's Edition. 7th Edition. 2005. Oxford: Oxford University Press.

Tjouṱuku, A. 1993. *Eraka ndi tu hungira, ondondo 10.* Windhoek: Gamsberg.

Ohunga nOmutjange

Jekura Uaurika Kavari wa mana ondingiri indji oPhD mounongo wOmamemwahungi momaraka wa Afrika ponganda yomahongero wokombanda indji Oschool of Oriental and African Studies, yOuniversity ya Londona. Eye u honga eraka, omamemwatjangwa nombazu yOtjiherero pOuniverity ya Namibia; eye nai pa hongo ozombura nḍe ri kombanda yomirongo vivari. OtjOtjiuru tjOkarupa kOtjiherero mOrupa rwOmahongero wOmaraka nOmamemwatjangwa pOunama, Onongo Kavari wa ri norupa momakonḍononeno nomapitisiro womatjangwa pekepeke pamwe nozononyo zarwe moviungura mbi Acacia Project, UNAM Oral Tradition Research Project na wina Otjiherero Tone Analysis project. Omambo we warwe nga tjanga owo nga: *A Grammatical Sketch of Herero (Otjiherero); The Form and Meaning of Otjiherero Praises; Reference Grammar of Herero (Otjiherero) nOndjombo yOvimbaharere.*

About the Author

Jekura Uaurika Kavari holds a PhD in African Oral Literature from the School of Oriental and African Studies, University of London, and has taught Otjiherero, literature and language, culture and linguistics, at the University of Namibia (UNAM) for more than twenty years. As head of the Otjiherero section in the UNAM Department of Languages and Literature Studies, Dr Kavari has been involved in collaborative research and publication with the Acacia Project, the UNAM Oral Tradition Research Project and Otjiherero Tone Analysis project. His other publications include *A Grammatical Sketch of Herero (Otjiherero); The Form and Meaning of Otjiherero Praises; Reference Grammar of Herero (Otjiherero)* and *Ondjombo yOvimbaharere.*

www.ingramcontent.com/pod-product-compliance
Lightning Source LLC
Chambersburg PA
CBHW032136020426
42334CB00016B/1184